应用教育创新型实训教材系列丛书

企业运营管理实训

刘 斌 主编

中国财政经济出版社

图书在版编目（CIP）数据

企业运营管理实训／刘斌主编．—北京：中国财政经济出版社，2008.5
（应用教育创新型实训教材系列丛书）
ISBN 978-7-5095-0652-3

Ⅰ．企…　Ⅱ．刘…　Ⅲ．企业管理—高等学校—教材　Ⅳ．F270

中国版本图书馆 CIP 数据核字（2008）第 057764 号

中国财政经济出版社出版

URL：http：//www.cfeph.cn

E-mail：cfeph@cfeph.cn

社址：北京市海淀区阜成路甲 28 号　邮政编码：100036

发行处电话：88190406　财经书店电话：64033436

北京财经印刷厂印刷　各地新华书店经销

787×1092 毫米　16 开　9.75 印张　225 000 字

2008 年 5 月第 1 版　2008 年 5 月北京第 1 次印刷

印数：1—3 060　定价：18.00 元

ISBN 978-7-5095-0652-3/F·0526

编写说明

实践性和可操作性对工商管理教学来说十分重要。在管理类专业教育中，不但强调基础知识和基本原理的传授，更强调在实践中系统地运用这些基础知识和基本原理，使学生在实践中有机会感受和体验管理情景，树立科学决策的思想。因此，在管理类专业教学中引入实践教学，进一步提高学生的综合决策能力和实际操作能力，是十分必要的。随着计算机软件技术的发展，模拟实践越来越多地用于学校教育和企业培训中，企业运营管理模拟实践随之也出现在国内外工商管理教学中。

企业运营管理模拟训练提供了一个仿真的市场环境，学生通过经营自己的虚拟企业，分析各种信息、制定及执行企业竞争战略，在不断变化的竞争环境中逐渐获得全面的企业经营管理和决策的技能。企业运营管理模拟课程对于融会贯通管理知识，提高实践运用能力，了解企业经营全过程，培养科学管理的思维，锻炼分析问题、解决问题及应变能力，培养团队合作精神，锻炼人际沟通能力都能起到非常好的作用。因此，越来越多的学校和老师认识到综合的企业运营管理模拟教学在工商管理教育中的重要地位，使得近年来这类课程得到了快速发展。

在国内院校，企业运营管理模拟训练主要是以竞赛的形式进行。目前影响较大的有国际性赛事如国际企业管理挑战赛、欧莱雅商业模拟大赛，国内企业竞争模拟大赛。这些企业管理模拟赛事在各高校受到了热烈欢迎。但在教学方面，企业运营管理模拟实验教学的发展并不十分理想。从许多学校经管类模拟实验教学的实际情况可以看到，缺乏系统的实验课安排及授课内容，缺乏适合于教学的模拟软件及应用指导是实训教学顺利开展并取得实效的两大障碍。本书的出版正是从这个角度出发，希望通过教材给予企业运营管理模拟教学授课教师一定的帮助，促进企业运营管理模拟教学的开展，促进企业管理实践教学水平的提高，为国家培养更多的创新型、实用型人才。同时，也让更多的学生从企业运营管理模拟教学中获益。

本书编者曾获得国际企业管理挑战赛和企业竞争模拟两项大赛的冠军，并出版过模拟管理竞赛的培训书籍，同时曾在北京理工大学、北京工业大学讲授仿真企业管理及决策课程，对企业管理模拟实验教学有比较深刻的认识。希望本书可以为广大工商管理类院校的老师和学生带来启发和帮助，为企业经营管理实践教学贡献一份力量。

本书将企业运营管理模拟实验课程按照教学班级内分组多轮次竞争来安排，使主要的工商管理类学科知识贯穿应用于实验教学中，并通过对抗来培养学生工商管理决策能力和技能。本书以北京市华普亿方软件科技有限公司的企业运营模拟教学软件作为范例，这款软件非常适合于实验教学。

本书的顺利完成要感谢华普亿方公司付鹏董事长的大力支持，感谢陈雪、闫循华及开发模拟教学软件的各位专业人士的辛勤工作。感谢在竞赛、教学过程中曾与作者共同奋斗的北京理工大学、北京工业大学的校友、教师和学生们。此外，还要感谢中国财政经济出版社财经教材分社郑保华社长、李昊民等同志给予的热情帮助。

由于编者水平有限，不妥之处欢迎广大读者批评指正。

编者

2008 年 4 月于北京

目　录

第一章

企业运营管理实验教学概述

一、企业运营管理模拟教学的意义

管理既是一门科学，又是一门艺术。与其他学科相比，工商管理更注重实际性和可操作性。在管理类专业教育中，不但强调基础知识和基本原理的传授，更强调在实践中系统地运用这些基础知识和基本原理，使学生在实践中有机会感受和体验管理情景，树立科学决策的思想。课堂教学和案例教学在提高管理类专业教学质量方面取得了一定的效果，但在竞争意识、团队协作、经营决策等方面有不小的局限。因此，需要在管理类专业教学中引入实践教学环节，以进一步提高学生的综合决策能力和实际操作能力。

管理学是以社会发展实践作为自己的实验室，社会实践也成为判断管理理论是否正确的标准。但在管理学的教育和培训中，若以社会经济发展的实践作为学生实验的舞台，则会因管理实践活动的不可逆转性和不可复制性，使管理学实验教育出现难以控制和无法接受的成本代价。

随着计算机软件技术的发展，人们将模拟方法用于学校教育和企业培训中，模拟实验教学随之出现在国内外工商管理教学中。计算机软件技术的发展，使模拟教学的方式有了坚实的物质基础和技术平台，使管理类专业采用模拟实验教学成为可能。

模拟教学是一种在教学活动中模拟社会实际活动的教学方式。体验式模拟企业经营管理训练给我们提供了一个仿真的市场环境，参与者可以通过经营自己的虚拟企业，分析各种信息、政策的制定及执行企业竞争战略，在不断变化的竞争环境中逐渐获得全面的企业经营决策的技能。

在管理类专业教学中，大力推广模拟实验教学，对于丰富管理类专业教育方法、提高管理类专业教育教学质量具有重要的现实意义，具体表现在以下几方面：

1. 让学生融会贯通所学的工商企业管理知识，培养学生的综合应用能力。在进行模拟企业的经营决策时，涉及经济、企业管理的方方面面，如宏观微观经济、金融市场、生产、供应、营销、财务、企业战略、信息技术等，需要学生对各个学科的知识都有比较深入的了解，并能够应用到模拟实践中（见图 1－1）。同时，学生需要对各种因素及相互关系作出正确的分析和判断，对企业的长期经营目标和短期经营决策作出有机的配合。通过在每一轮次模拟决策中反复运用，并检验各种管理知识和管理方法，实现提高学生综合素质的目的。

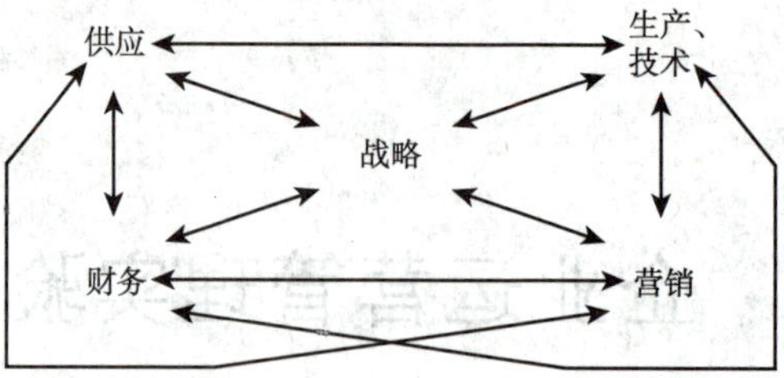

图 1－1　企业运营管理模拟关键知识点及联系

2. 提高学生的决策能力。以中高级管理人才为培养目标的管理类专业学生，需在经营管理决策方面有较高的经营意识、判断力和决断力。在模拟教学中，模拟参与者通过搜集信息、分析问题、提出目标、制订解决方案等环节，结合企业的目标和资源，灵活而有效地应用决策理论和决策方法，提高未来中高级管理人才的科学决策能力。

3. 培养学生的进取精神、竞争意识。由于工商管理模拟实验所提供的是完全市场竞争条件下的企业经营环境，参与者必须学会如何分析竞争对手的相关信息，注意竞争者的行为，预测竞争者的策略，了解竞争者的心理。因此模拟教学有利于培养管理类专业学生的进取精神、竞争意识，使学生掌握并灵活运用竞争策略和竞争手段。

4. 提高学生的团队合作精神和协调能力。在模拟教学中，一般由若干名参与者组成一个小组代表一个企业进行经营决策。为了让企业经营得更好，在市场中具有竞争优势，小组成员必须合理分工，有效沟通，发挥各成员的积极性和能动性，增强学生的合作精神和协作能力。同时，作为参与者中的组长和队长，领导能力也得到了锻炼。

此外，通过工商管理模拟实验可提高学生的社会实践经验和就业竞争力。在当今劳动力市场中，工商管理类毕业生的数量逐年增加，就业压力也随之增大。毕业生在进入社会之前就希望能获得一定的实践知识和经验，更快地适应工作环境。工商管理的模拟实验可以让学生对企业的经营有一个全盘的理解，并得到一定的实践锻炼，对于提升学生的竞争力有相当大的益处。

二、企业运营管理模拟实验教学

（一）企业运营管理模拟实验教学的形式

在企业运营管理教学模拟平台中，学生将扮演虚拟企业的总经理以及生产、供应、市场营销、财务、人力资源等部门的高级管理人员，根据现代企业管理知识，对所经营的虚拟公司的每个季度经营作出一系列决策，并与其他模拟参加者扮演的虚拟公司竞争。决策涉及企业经营的各个方面，同时还穿插着企业战略、金融、经济、信息技术等众多领域的知识点，最大限度地模拟一个公司在市场竞争条件下的真实运作状况。

模拟将以多个公司在同一市场竞争的形式进行，每个公司由 6 个角色组成，分别是生产经理、采购经理、营销经理、财务经理、人力资源经理和总经理。学生可自由组队组成公司并决定扮演的角色，或由教师分组建立模拟竞争中的公司。学生建立的虚拟公司必须经过教师（或竞赛管理员）的审核才能进入赛事。

参赛者首先将看到系统给出的模拟参数和竞赛规则，借以了解比赛。竞赛将给出虚拟公司此前的运营情况，称之为运营报告，可能是一个周期或多个周期。学生通过历史报告可以了解公司之前的运营状况及所处的环境。模拟以一季度为一个决策周期，学员根据获得的公司运营报告，宏观经济、行业竞争态势等多种商业情报制定下一个阶段（下个季度）的企业经营决策。

各参赛队首先由各个部门经理制定其所负责的职能的决策，再汇总至总经理及财务经理处，由财务经理进行财务审核并向总经理提供建议。总经理作为最高决策者，将根据企业的战略规划协调各部门的决策，可要求各部门负责人修改或重新制定决策，最终决定形成企业的整体经营行为和决策方案，并由总经理提交给软件系统进行处理。

如果参赛者没有提交决策，模拟管理者可以将该公司上期的决策作为该公司下次的决策。全部决策提交完成后，各虚拟公司提交的决策经计算机模拟市场竞争处理后，将返回该季度的企业经营结果和市场环境，以供学生进行下一轮的决策。模拟过程如此反复进行，直到组织者设定的结束周期。

对模拟企业经营结果的评价依据是系统设定的综合绩效分。比赛结束后，最终综合评价最高的公司将成为竞争的胜利者。

（二）企业运营管理模拟实验教学安排

实验教学的总体安排为：前期为教师讲解本门课程所需运用的基础企业管理知识，并指导学生熟悉软件的运行和竞赛规则；后期课程为组织学生通过软件展开模拟经营竞赛，在每轮模拟决策之后对上次模拟的结果进行分析，并讲授本课程所涉及的企业管理重点知识在竞赛中的应用，让学生在竞赛过程中逐步学习相关理论知识并在竞赛中加以运用。最后教师对教学及竞赛结果给予评价和总结。

教学最紧凑的安排可分20课时，可参考课时计划如下：

课时1～2：教师介绍课程、虚拟企业组织结构、经营目标、决策流程，学生分组

课时3～4：教师讲授模拟规则、虚拟企业的各类决策

课时5～6：教师讲授战略管理，学生进行第一次模拟决策

课时7～8：教师讲授市场需求预测，学生进行第二次模拟决策

课时9～10：教师讲授生产管理，学生进行第三次模拟决策

课时11～12：教师讲授供应管理，学生进行第四次模拟决策

课时13～14：教师讲授人力资源管理，学生进行第五次模拟决策

课时15～16：教师讲授营销管理，学生进行第六次模拟决策

课时17～18：教师讲授财务管理，学生进行第七次模拟决策

课时19～20：教师讲授财务分析，课程总结

（三）企业运营管理模拟系统的比较

企业经营管理模拟仿真系统起源于20世纪70年代的欧洲，以现实案例和统计数据为依据，按照经济学理论建立一个计算机动态模型，来模拟现实企业的市场竞争活动。

目前，国内应用的企业经营管理模拟软件已经有以下几个比较成熟的代表产品：

1. 国际企业管理挑战赛（GMC）。该产品是由英国一家仿真软件公司设计开发的，是最早的企业管理仿真软件之一。经过三十多年的逐渐改进，已经成为仿真程度较高、模拟系统比较完善的产品。该产品为欧盟推荐的企业经营模拟软件。GMC 以发达国家市场和完全竞争的经济环境为背景，定位于耐用消费品行业，注重企业整体经营管理模拟，重点于生产管理、营销管理、财务管理、资本市场等。在同一环境下竞争者数量限制为 8 个。

目前国际企业管理挑战赛已经推广到全球三十多个国家和地区，举办每年一度的公开性的国际大赛，数万人参加，主要为 MBA 学生。参赛者的水平在企业管理竞赛中是最高的，被誉为企业管理的奥林匹克。

其优点在于：（1）相对成熟；（2）经济环境仿真程度高；（3）对竞争市场的处理较好。

不足之处为：（1）系统相对复杂，入门门槛高，掌握比较困难；（2）企业评价机制不透明，不利于教学；（3）没有图表，数据不直观。

2. 欧莱雅商业模拟挑战赛（L'Oreal e-Strat Challenge）。该产品由欧洲人开发，以欧洲发达国家市场为背景，是为配合法国欧莱雅公司的招聘工作而设计的商业竞争模拟软件。产品以化妆品行业为背景，重点模拟了市场调研、营销管理和产品开发管理、品牌战略。在同一环境下竞争者数量限制为 4 个。

欧莱雅商业模拟挑战赛目前在全球数十个国家和地区进行，为每年一度的国际比赛。

其优点为：（1）相对成熟；（2）营销渠道、营销管理仿真程度高；（3）企业新产品开发处理设计比较出色。

不足之处为：（1）仅突出销售环节；（2）作为欧莱雅公司的招聘手段，公开性差，无法用于教学。

3. 代表产品 3——企业竞争模拟（BUSIMU）。由北京大学知名教授根据 IBM 公司的模拟软件改造开发。模拟了普通消费品行业，也着眼于全面企业运营的模拟，重点为生产、供应和财务管理。在同一环境下竞争者数量限制为 16 个。

在国内已经作为教学软件，并形成了每年一度的全国竞赛。

其优点是：（1）财务管理突出；（2）教学成本低；（3）图表丰富，界面友好。

不足之处为：（1）市场及环境影响因素的模拟不太理想；（2）对企业经营的评价不够全面。

4. 企业运营管理竞争模拟。本软件是北京市华普亿方软件科技有限公司从全面体现现代企业各职能部门的经营活动及之间的联系，制定更为科学的企业业绩评价系统，树立学生正确的企业经营观出发，与国内高校专家联手共同开发，在 2007 年推出的全新企业运营管理模拟软件。

其优点是：（1）以全面均衡的指标“综合绩效分”评价企业经营业绩；（2）模拟企业体现中国特色，从真实的国内企业中采集数据；（3）图表丰富，结果直观，给予参与者丰富多样的决策信息支持；（4）教师可设定环境和虚拟企业背景，教师可依据自己的需要开展模拟教学；（5）同一环境竞争队伍数不受限制，可适用于大规模的应用；（6）软件采用 B/S 结构，安装使用均十分方便。

不足之处为：软件面世时间较短，有待于进一步完善。

（四）企业管理模拟系统简介

企业经营管理模拟仿真系统软件的核心是电脑动态仿真模拟系统，模拟标准化市场经济条件下（绝大多数是完全竞争的市场环境），将企业管理实践中重要的基本参变量体现在决策和企业经营结果中，并且仿真模拟出企业存在的市场环境因素，在此基础上，按照工商管理的基本理论建立一个互动的定量化的模型。

学生可以扮演虚拟企业的总经理以及生产、供应、市场营销、财务、人力资源等部门的高级管理人员，对所经营的虚拟公司的每个经营阶段作出一系列决策（涉及企业经营的各个方面），并在同一市场与其他模拟参加者管理的虚拟公司竞争，以虚拟企业经营的最终结果作为评判的依据。

由于学生在学校中普遍学习的是单科的知识，没有实践机会将这些知识综合运用，并且管理学科的实习比较困难，企业经营模拟软件可以发挥融会贯通的作用，让学生达到与企业实践相似的效果，提高学生的实际工作能力。

在模拟软件中，企业战略、企业管理、金融、经济等知识都可在决策过程中得以运用。学生可扮演多种管理角色，培养团队合作精神，增强人际沟通能力。企业经营管理模拟可以帮助学生体会企业运营的关键要素，增加实践经验，有力地提升就业竞争力，并对企业经营管理有更深层次的理解。

第二章
企业运营管理实验课程介绍

一、实验目的

1. 学生了解企业运营管理实验课程的内容、安排，对企业运营管理竞争模拟有一个初步的认识。

2. 学生了解模拟企业的结构、运作，评价模拟企业经营结果的规则。

二、实验准备

（一）模拟教学软件的准备

1. 企业运营管理软件在服务器上的安装。

服务器应具备的硬件环境见附录一。

在服务器上安装 SQL Server 2000。服务器的操作系统是个人版的，安装 SQL Server 2000 的个人版本（PERSONAL EDITION）；操作系统是服务器版的，应安装 SQL Server 2000 的标准版（STANDARD EDITION）。安装完成后需安装 SQL Server 2000 的补丁包 SP4。启动 SQL Server 数据库。接下来安装 JDK 1.6（附录光盘提供）。

运行附录光盘中的软件产品安装程序，安装企业运营管理竞赛软件。

运行加密锁安装程序，插入加密锁后，在管理员界面中的产品序号中应该能正确显示加密锁序列号，这时产品才能使用全部功能（见图 2－1）。

注：管理员的用户名和密码由软件供应商提供。

2. 竞赛软件系统在客户端的安装。启动企业运营管理模拟软件，如果在浏览器中能正常显示企业运营管理软件的界面，说明软件可以正常运行（见图 2－2）。

（二）模拟教学软件的设置

1. 管理员操作。管理员由教学总体管理者担任。在教学开始之前，管理员有两项职责：一是对任课教师进行管理；二是对竞赛环境进行设置。对任课教师的管理主要包括：设置或

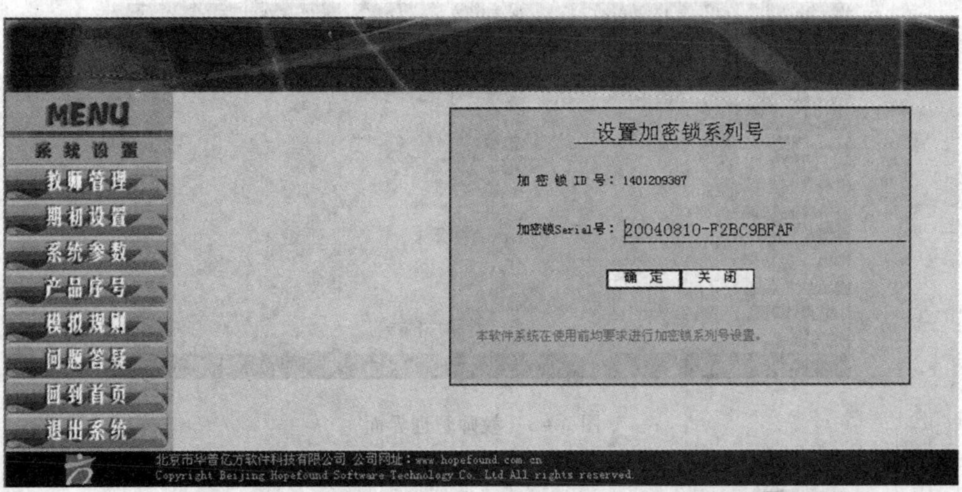

图 2－1　产品序号应能正确显示

图 2－2　软件登陆界面

修改教师的姓名、班级、账号、密码等（见图 2－3）。竞赛环境的设置包括：对比赛开始前企业状态参数的设置和比赛开始前企业决策的设置，实际上就是给定了竞赛中企业的基本状况（见图 2－4）。具体操作可参考附录的软件使用手册。

2. 教师对比赛的管理。教师可以对学生组建的公司进行管理，对比赛的环境进行设置，并对比赛的进程进行管理。教师可设定的内容有：

（1）学生管理：教师可查看学生组建的公司，如果符合教学要求，即可批准其进入竞赛。未获批准的虚拟公司是无法参与比赛的（见图 2－5）。

（2）比赛进程管理：比赛名称（与其他比赛相互区分）、比赛总轮数、每次决策间隔时间，教师可控制比赛的开始与结束，另外，教师还可以灵活掌握每一轮比赛的时间，可以提前进入下一轮次，根据课程进度的需要改变比赛的进行时间（见图 2－6）。

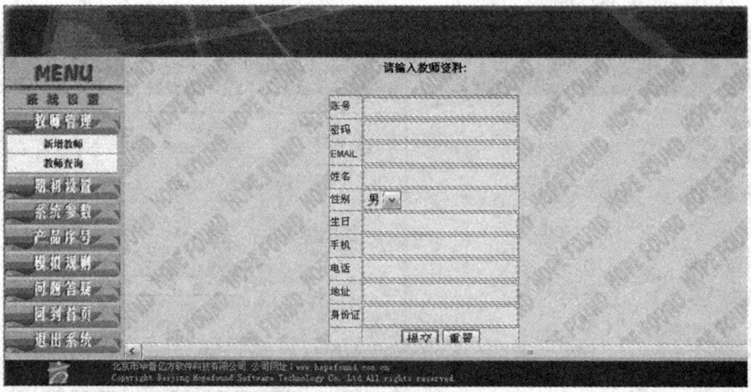

图 2-3 教师管理界面

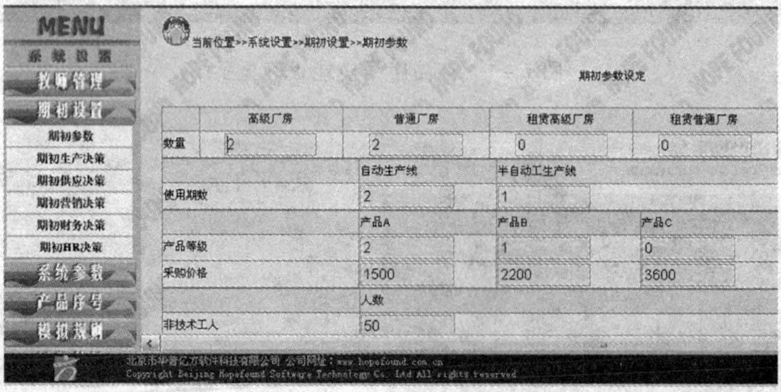

图 2-4 竞赛环境设置界面

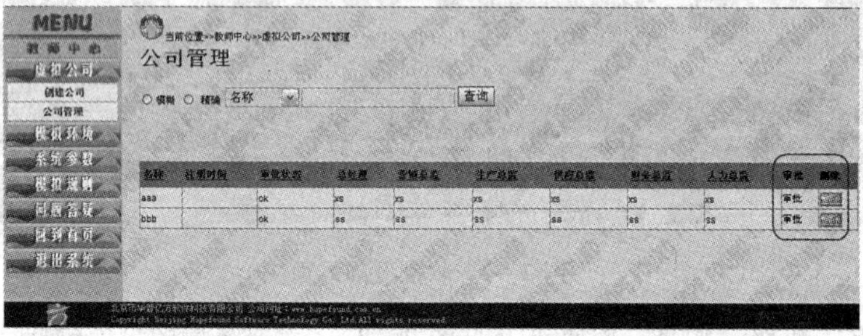

图 2-5 学生公司管理界面

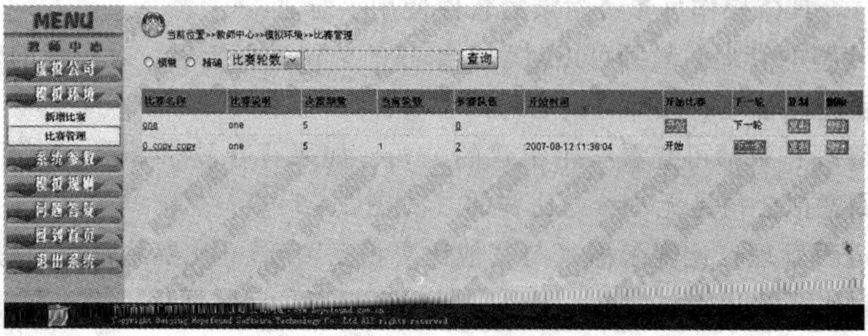

图 2-6 比赛进程管理界面

(3) 比赛环境设置：模拟过程中经济环境的变化趋势、居民可支配收入的变化趋势、汇率变化趋势、失业率变化趋势；季节对各个市场的影响，各市场对价格、广告、促销的敏感程度，各种贷款及债券的利率水平，原材料价格的变化趋势，等等（见图 2-7）。

通过这些设置，教师可以给模拟竞赛建立独特的经营环境，把握教学的知识点，灵活设定对学生的考察点。

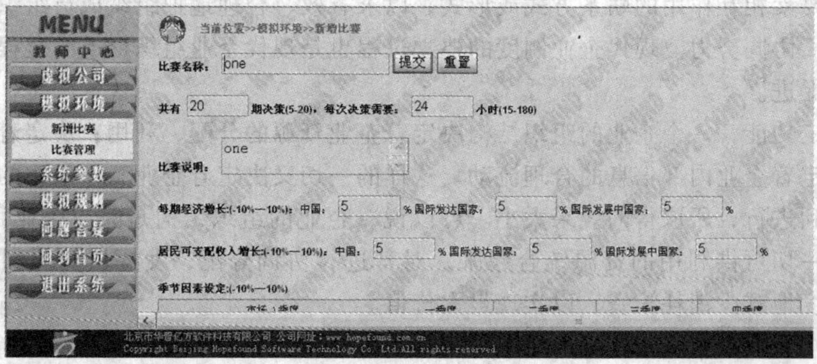

图 2-7　竞赛环境设置界面

总的来说，教师是企业运营知识的传授者，是模拟企业管理竞赛的组织者和管理者，同时也是竞赛的设计师（见图 2-8）。

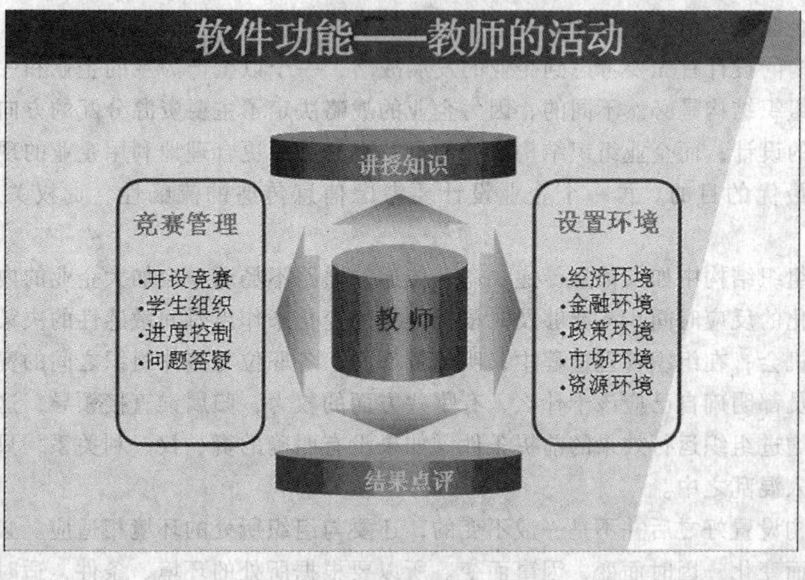

图 2-8　教师工作示意图

三、理论知识

(一) 公司结构

1. 企业组织结构设计的原则。企业组织结构是指企业全体员工为实现企业目标而进行的分工协作，在职务范围、责任、权力方面所形成的结构体系。随着企业的产生、发展及领导体制的演变，企业组织结构形式也经历了一个发展变化的过程。组织作为一项重要的管理职能，其形成和存在的基础在于，由于各种因素的限制，一个人或几个人的独立活动不能实现既定的目标。

现代企业的组织结构是现代企业制度的重要组成部分。企业组织结构是企业组织内部各个有机构成要素相互作用的联系方式或形式，以求有效、合理地把组织成员组织起来，为实现共同目标而协同努力。现代企业制度的建立过程也是现代企业组织形成的过程，二者相辅相成，相互促进。

结构决定功能，一个企业的组织结构决定着企业资源的分配、利用；决定着企业决策权的使用；决定着企业内部信息的合理流动。这样的一切又决定着企业工作效率的高低，生产经营能否顺利进行，所取得的效果大小。可以说，企业的组织结构是完成企业目标的基石，它把企业的一切可供利用的资源统合起来，对其进行协调分配，发挥出资源利用的整体优势，最大限度地减少消耗浪费，以实现最大价值。

如果一个企业没有一个良好的组织结构关系，会使企业处于一个混乱状态当中。结构决定功能，钻石之所以比石墨坚硬，比石墨值钱，关键是其结构不同。组织结构是企业实现战略目标和构造核心竞争力的载体，也是企业员工发挥各自优势、获得自身发展的平台。企业结构问题决定了企业执行力的高低，提升企业的执行力，首先应保证管理指令系统的顺畅，确保每个员工都有明确的汇报路线，每个员工都有唯一的经理负责行政管理和工作行为，这样就要进行企业组织结构的设计，以达到企业的要求。

组织结构的设计首先要考虑到企业的发展战略，一个以生产为主的企业和一个以贸易为主的企业的组织结构是必然不同的，因为企业的战略决定了主要资源分配的方向，决定了企业组织结构的设计；而企业组织结构设计的目的就是为了更合理地利用企业的现有资源，达到整体利用最优的目的。再一个企业设计要考虑信息传递的流畅性、责权关系的明确等原则。

在一个组织结构中如果信息传递、命令传递的通路不畅通，会加大企业的内耗，增加企业对外部变化的反应时间，不能够及时根据环境的变化来作出时间敏感性的决策，以致贻误战机，丧失机会；在组织管理过程中，明确各部门、各职位与整体组织之间的责权关系，使每个组织成员都明确自己应该干什么，有哪些方面的权力，归属谁直接领导，这是保持组织的稳定性和增进组织运行效果的前提条件。如果没有明确的责、权、利关系，只会使企业的管理工作陷入混乱之中。

组织结构设置好之后并不是一成不变的，还要与组织所处的环境相适应。必须根据企业环境的变化而变化，因时而变，因事而变。所以要根据所处的环境、条件，适时地调整我们的组织结构，进行组织结构的变革。

2. 现代企业组织结构的基本类型。企业组织结构形式很多，重要的有直线职能制（U型结构）、事业部制（M型结构）、控股公司制（H型结构）、矩阵制、模拟分散管理制、多维制，等等。

U型组织结构，亦称职能部门型组织结构，即公司内部划分生产、销售、开发、财会等职能部门，公司总部从事业务的策划和运筹，直接领导和指挥各部门的业务活动和经营管理。这种组织结构的优点是集中统一，各部门之间协调性好。总部直接控制和调动资源，能够将有限的资源集中若干效益好的项目。但是，随着企业规模的扩大，这种结构的缺陷亦日渐暴露：高层领导们由于陷入了日常生产经营活动，缺乏精力考虑长远的发展战略，而且行政机构越来越庞大，各部门的协调越来越难，造成信息和管理成本上升。19 世纪，西方许多著名的大公司一般都采用 U 型组织结构，到 20 世纪初，通用汽车公司针对这种结构的缺陷，首先在公司内部进行组织结构的变革，采用 M 型组织结构，此后，许多大公司都仿效。

M 型组织结构，又称事业部门型组织结构。在这种结构中，分支机构（事业部）通常是根据业务按产品、服务、客户或地区划分的，公司总部授予事业部门很大的经营自主权，使其内部类似一个个独立的企业，根据市场情况自主经营、独立核算、自负盈亏。这种结构使企业总部从繁重的日常经营业务中解脱出来，集中精力致力于企业的长期性经营决策，并监督、协调各事业部的活动和评价各部门的绩效。

H 型组织结构，亦称控股公司型组织结构。H 型组织结构较多地出现在由横向合并而形成的企业之中，这种结构使合并后的各子公司保持了较大的独立性。子公司可分布在完全不同的行业，如生产和销售、不同产品的制造、为不同的市场区域服务等，而总公司则通过各种委员会和职能部门来协调和控制子公司的目标和行为。这种结构的公司往往独立性过强，缺乏必要的战略联系和协调，因此，公司整体资源战略运用存在一定难度。

在现代企业成长过程中，以上三种基本组织结构都被采用过，其他结构是这三种基本结构的变异。其中，U 型结构与企业纵向一体化过程密切关联，是一种中央集权的直线职能结构，至今仍是我国大多数企业所采用的。M 型结构即事业部制，适应现代市场竞争要求，目前，为大中型企业广泛使用。H 型结构较多地出现在由于横向合并而形成的企业中，这种结构使合并后的各子公司保持了较大的独立性，目前已很少使用。

近年来，知识经济的发展，以信息技术为先导的新技术革命正在推动人类社会在继工业化革命之后的又一次大革命。种种迹象表明，现代社会大变革正在大范围和大幅度地改变人类已经习惯的生存和发展模式，并不可避免地会对企业组织结构产生重大影响，提出全新的要求，使现有企业组织结构面临着挑战和创新。

3. 现代企业组织结构发展趋势。企业组织结构发展趋势：一种是分立化，包括使企业中某些部分成为独立的企业，即内部组织外部化和从低一级的责任中心上升到高一级的责任中心。另一种是柔性化，即摆脱原有形式的束缚，用团队组织取代。

分立化趋势一般可分为两种形式，即横向分立和纵向分立。横向分立就是企业将一些有发展前途的产品分离出来，成立独立的公司，选派有技术、懂管理的人去经营。比如，德国西门子公司是一个集电气、机械制造、医疗设备、电子计算机、通讯设备等多种行业为一体的公司，公司投资开发出的成果可以应用到各个部门的多种产品上去。纵向分立，是企业不仅仅是从事多种经营，还需要把不同的竞争分离出去，就是一种产品也可以进行上、下游的分离。如日本松下电器集团下属的先锋公司，将它的影碟机委托给 10 家视听机器厂生产，使得竞争对手陷入被动。这种方式被称为“原厂产品委托生产”方式，也称为“轻装备经营”。现在有许多企业采取委托其他企业代为生产和销售自己牌子的产品。

实行分立化组织机构，具有明显的优越性：一是增加了各公司的自主权，也增强了各自的进取精神；二是减少了企业管理层次，精简机构；三是信息传递快，具有较强应变能力、较大的灵活性；四是各部门之间平等，无上下级关系，有利于相互配合、协调，提高效率。

柔性化趋势通常表现为临时团队、工作团队和项目小组等形式。所谓“团队”，就是让员工打破原有的部门界限，绕过原来的中间管理层次，直接面对顾客和对公司总体目标负责，从而以群体和协作优势赢得竞争主导地位。临时团队，是与组织小型化相对应的、临时性的，往往是为了解决某一特定问题而将有关部门的人员组织起来的“突击队”。通常等问题解决后，团队即告解散。这种形式是对那种等级分明、层次多、官僚主义组织的强烈冲击。团队工作方式，是一种通过改变传统企业组织中的高度集权，给员工一定的自主权，即把业务流程分解成许多小段，每个人做其中一份工作的方式。在这种方式中设有监工，每一个团体有一个由团队成员轮流担任的组长，使之能亲自感受到自己的工作成果，以此提高员工对工作的满足感和成就感。项目小组，由一个项目经理、一个市场经理、一个财务经理、一个设计师、一个工艺工程师和若干位不同工种的工人组成，根据需要还可以吸收公司外部一些专家加入。项目小组是一个稳定的组织机构，不随某项任务完成而撤销。这种组织方式的优点是可以发挥团结合作优势，缩短产品研制与生产出货的时间，对消费者的需求能迅速作出反应，消除人浮于事的现象等。

在本模拟系统中，提取了制造型企业的代表性结构，保留了最主要的职能部门，在简化模拟程序的同时仍然最大限度地仿真了企业的运营管理（见图2-9）。

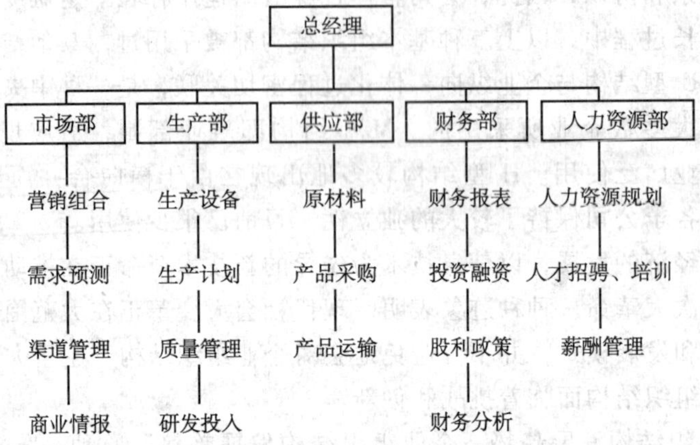

图2-9 虚拟企业结构示意图

（二）企业经营决策

科学合理的管理方法是挖掘企业潜力的有效途径，因此，企业经营决策的科学性对于管理来说具有十分重要的意义。

1. 企业经营决策的含义与类型。现代企业经营决策是根据企业的经营战略所规定的目标确定企业的经营方向、经营目标、经营方针及经营方案的过程或工作。

经营决策的基本构成要素是决策者、决策对象、信息、决策理论和决策方法、决策结果。

企业经营决策的基本范围包括确立企业经营方向、经营目标和确定实现企业经营目标的基本设想，即确定企业的经营方针两大方面。经营决策的主要内容有：产品决策、投资决策、供应决策、生产决策、营销决策、人力资源开发决策、企业合作决策等。随着经营活动的不断发展，随着经营方式、经营理念越来越新颖、复杂，企业管理的难度不断加大，决策的内容将会越来越多、越来越广。

经营决策的进行必须依靠一定的组织体系。企业经营决策的组织体系是指是为有效地实现科学决策的目标而按照一定的原则、程序构成的一种责权结构和人事安排。

企业经营决策的中心环节是从众多备选方案中选择最优的方案，因此企业经营决策必须建立在可行性研究的基础之上。

企业经营决策可以根据不同的标准进行分类。根据决策主体的标准，可以将决策分为集体决策和个人决策；根据需要解决问题的来源，可以将决策分为初始决策和追踪（改善）决策；根据决策的依据可以将决策分为经验决策和科学决策；根据决策的内容可以将决策分为战略决策、产品决策、投资决策、供应决策等。

2. 现代企业经营决策的程序。

(1) 初始决策程序。初始经营决策是企业对于未从事的经营活动或新的经营活动所进行的决策，其一般程序是：

广泛地、针对性地搜集信息，进行企业经营环境研究，确定企业新的经营方向、经营目标。初始决策首先面临的是要在广泛经济领域里来确定投资哪一个行业、哪一种产品的问题。这必须通过对内外环境及自己具备的能力的双重认识、权衡来确定。

拟定备选经营方案。在确定了新的经营方向、经营目标后，初始决策的第二项工作是围绕既定的经营方向、目标搜集信息，拟定多个备选经营方案，这是决策的关键；如果只有一个经营方案，就无法进行比较，也难以分辨方案的优劣。

评价备选可行性经营方案。为了防止和避免决策失误，必须对备选方案加以全面评价。评价内容有：经营方向和目标是否合理；经营方针及可行性方案是否符合经营方向和经营目标；决策所依据的价值准则是否正确；可行性方案在技术上是否可行；制订可行性方案所采用的理论和方法是否科学；可行性方案在经济上是否合理；方案在社会方面是否可行；方案是否与企业的资源及能力相适应。评价的方法主要有：经验判断法、数学分析法和实验法。

(2) 追踪（改善）经营决策的程序。追踪经营决策是指在已有的初始企业经营决策的基础上对已从事的企业经营活动的方向、目标、方针及方案重新作某些调整，如增减某种产品的生产量，增减某系列产品中的一种产品，停止生产某种产品，对企业的机构及人员进行调整，对企业管理方式、经营方式进行调整等。

追踪（改善）经营决策一般可分为四个过程：

诊断。通过对现状的研究，找出差距及其原因，以判断是否有改变和调整的必要。要特别注意企业内外环境之间出现的不平衡。

明确改善目标。如果有改善的必要，就要进一步研究针对不平衡将要采取的措施，指出采取措施应达到的目标即改善目标。

拟定经营方案。决策的本质是选择，而要进行正确的选择，就必须提供多种备选的可行性方案。可供选择的方案越多，被选方案的相对满意度越高，决策就越有可能完善。

对可行性经营方案进行评价和选择。对经营方案的选择和比较，应该注意要统筹兼顾，要注意反对意见，同时还要有及时的决断能力，因为只议不决会丧失良机。

在本模拟系统中，学生扮演的是企业最高管理层的角色，这个管理团队将作出企业的全面决策，借此考察学生的科学管理思想和科学决策能力。

(三) 企业绩效评价

企业的经营业绩评价是指对企业一定经营期间的资产经营、会计收益、资本保值增值等经营成果，进行真实、公正、客观的综合评价，包括企业经济效益的评价和经营者业绩的评价。业绩评价是适应特定历史条件下企业管理要求的一种方法，当某种特定评价方法所赖以存在的环境和管理要求改变了，其业绩评价方法也应进行适当的变革，从而适应企业经营管理的要求。随着我国经济体制改革的日益深入，正确切实地评价企业绩效的重要性正被越来越多的人所认识，成为政府、企业界和会计界的一个重大课题。尤其对政府管理部门，只有了解企业的实际绩效，才能正确制定经济发展的目标和政策，更好地完成宏观调控的职能；同时正确地评价企业的绩效，也是管理部门公正、客观地评价企业管理者能力和水平的前提。

企业业绩是多层面的，评价经济效益的指标既可以是财务性的，也可以是非财务性的。经济效益评价指标是使用最广泛的指标，因为企业的长期目标几乎总是纯经济效益性的，经济效益评价指标直接与企业的财务目标相衔接，且具有综合反映企业业绩的功能。在企业绩效预算管理下，为了有效反映企业综合业绩，使企业各利益主体对企业经营状况从各自角度评价企业经营业绩，经济效益指标从财务与非财务两个方面反映企业绩效。

目前我国采用的企业绩效评价方法除国有资本金绩效评价体系外，一些企业还积极采用了由美国学者和实业界提出的“杜邦财务分析体系”、“平衡记分卡”和“经济增加值”（EVA）等评价方法。这几种绩效评价方法虽各有长处，但每一种方法在企业绩效评价中都还存在着一些缺陷。传统企业绩效评价方法的缺陷如下：

1. 杜邦财务分析体系。杜邦财务分析体系是一种因素分析法，一经问世便风行世界，为通用、松下等众多大型企业竞相采用，并在以后几十年中成为普遍使用的企业业绩评价系统。但杜邦分析体系就财务论财务，对企业绩效评价和考核没有深入到经营管理的过程中去，不能全面、动态地反映过程中的问题，也不能与企业的战略目标及战略管理手段实现有机融合。另外，由于所产生时代的局限，杜邦体系是一种重视内部经营管理、忽视外部市场的分析考核体系。

2. 平衡记分卡。平衡记分卡被称作20世纪90年代最重要的管理会计创新，是针对杜邦体系的缺陷而设计的一种替代指标体系。它包括表明过去行动结果的财务指标，同时用顾客满意度、企业内部运行、组织的创新和学习等方面的业务指标反映未来财务业绩的动因，以补充财务指标，从多个方面对企业的业绩进行测评。

平衡记分卡首先是战略管理系统，其次才是业绩评价系统，业绩评价是建立在战略管理与日常管理基础之上的，因此如果企业的管理水平尚未达到这一要求，就不能使用这一方法。此外其评价体系没有对股东、雇员、顾客以外的利益相关者予以足够的重视。

3. 国有资本金效绩评价体系。我国的《国有资本金效绩评估规则》和《企业资本金效绩评估操作细则》，是一套较以往相对完善的国有资本金效绩评估系统，首次把企业的整体素质、内部控制、公众形象、未来潜力四个方面的非财务指标纳入业绩评估系统，并将工商类竞争性企业绩效评估指标体系分为三个层次，还对指标采取了综合评分的方法。该体系的推出和实施，标志着新型企业绩效评估体系和评估制度在中国的初步建立。但该体系也没有将企业对雇员、顾客以外的利益相关者纳入绩效考评。

4. EVA经济增加值。EVA经济增加值克服了传统指标的上述缺陷，比较准确地反映了企业在一定时期内为股东创造的价值，整个EVA系统的目的就是以价值驱动力和资本成本为中心，确定发放激励薪酬的基础，并达成企业内部以及与投资者的良好沟通。应用EVA不但符合企业的长期发展利益，而且也符合知识经济时代的要求。

但EVA就其性质而言仍属财务业绩的综合性评价指标，以其为中心的业绩评价系统具有如下缺点：只能对全要素生产过程的结果进行反映，过于综合，不利于指导具体的管理行为；侧重于财务战略，忽视了对战略过程进行评价，容易削弱企业创造长期财富的能力；针对性不强，不能指出具体的非财务业绩动因以及解决问题的方向；没有充分考虑相关的无形资产和智力资本的使用情况及其业绩评价。

所以，企业绩效评价的课题仍有待于研究和发展，结合我国企业目前的状况及特点，应采用多因素全面评价原则和定量分析与定性评议相结合的原则，建立多维的基于绩效预算管理的动态的企业绩效评价体系。

本模拟系统中，采用的是创新的企业全面绩效评价系统，学生将对企业经营结果考察有一个全面的理解和认识。

四、实验操作

本章实验流程见图2－10。

1. 教师讲授企业运营管理模拟软件的概况、意义等。教师对企业运营管理模拟软件作相关的介绍，可参考本书第一章和第二章。

2. 教师作课程安排的说明。课时安排可参考本书第一章。教师根据本校的实际情况安排课程，向学生作出说明。

3. 播放企业运营管理软件演示动画。演示动画收录于本书附录光盘，放入光盘可从自动运行界面中选择运行演示动画。学生观看演示动画，对企业运营模拟有一个整体的认识。

4. 教师组织学生进行分组并成立公司。

（1）学生分组。在模拟学习过程中，教师首先要将学生分成若干个小组。教师可对小组成员进行指定，也可让学生先自由组合，再由教师确定。

每个小组应由6名成员组成，教师可根据班级的情况，对小组成员的数量略作调整。一般不要多于6名成员，也不宜少于3名成员。如果组员过少，由于课程比较复杂，将给学生带来过大的负担，也可能会影响到学习的进度（见图2－11）。

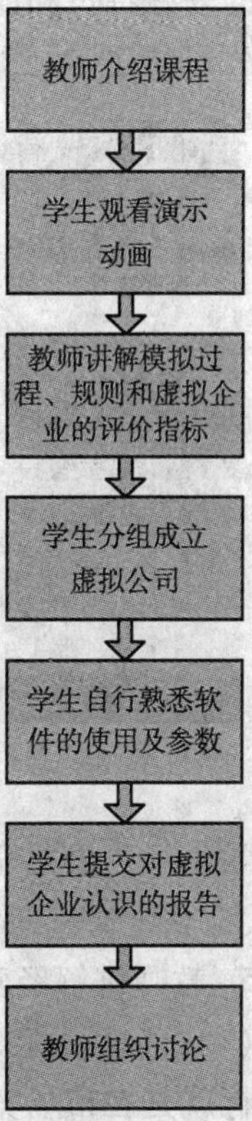

图2－10

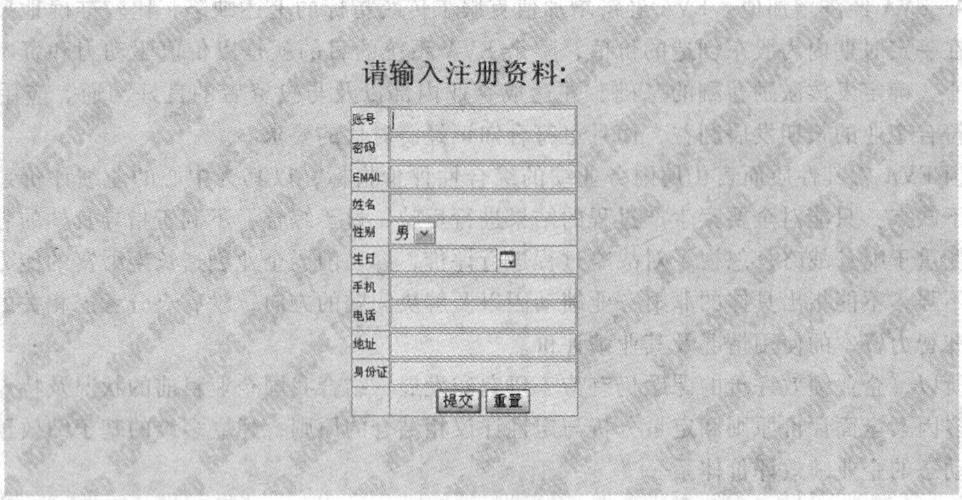

图 2－11 学生注册

(2) 成立公司和角色分配。组队完成后，学生就可在软件中注册成立自己的公司。学生自己决定公司的名称，并进行分工，即角色的分配。在模拟学习中，学生可扮演的角色共有 6 个，全部为企业的高层管理者，包括总经理、生产总监、供应总监、市场营销总监、财务总监、人力资源总监。学生在小组内部进行协商分工，首先选出总经理，其余学生可根据自己的爱好特长和能力选择希望扮演的角色。达成统一后教师就可以指导学生在软件中进行虚拟公司的注册（见图 2－12）。

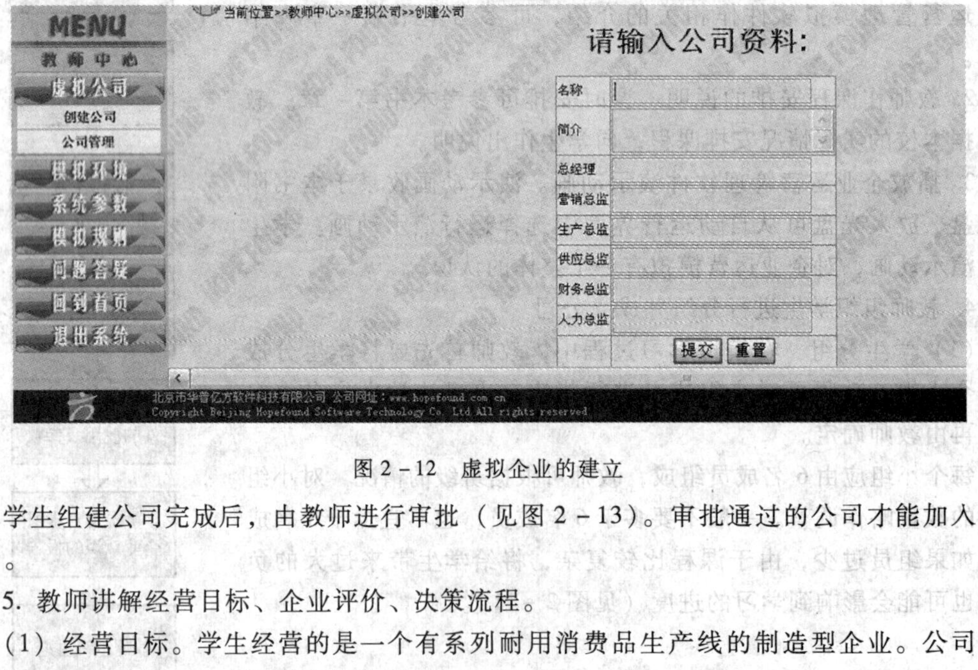

图 2－12 虚拟企业的建立

学生组建公司完成后，由教师进行审批（见图 2－13）。审批通过的公司才能加入到比赛中。

5. 教师讲解经营目标、企业评价、决策流程。

(1) 经营目标。学生经营的是一个有系列耐用消费品生产线的制造型企业。公司的经营目标就是在市场竞争中取得本行业的领先地位。

对于企业的评价是多方面的，系统会综合判断企业的经营结果，以全面绩效分衡量虚拟企业经营的优劣以及比赛的胜负。

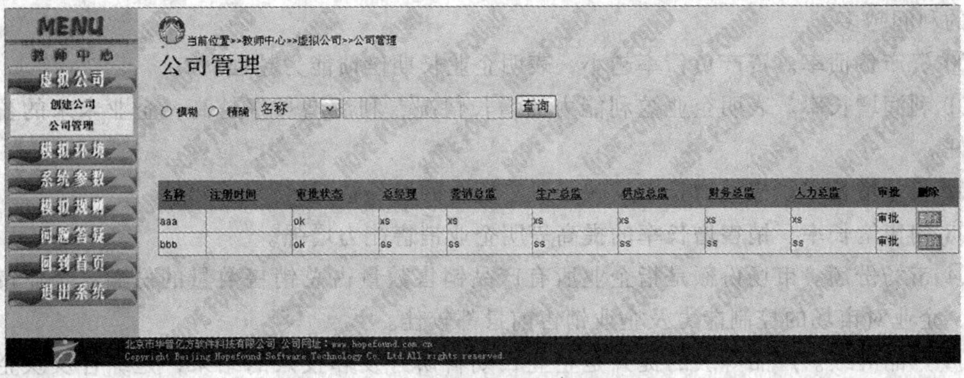

图 2－13　教师审批学生企业

每期结束后，软件根据各企业的经营业绩评定一个综合成绩，评判的标准包含五大项：企业获利能力、企业偿债能力、企业发展能力、企业运营能力、股利发放。各大项标准由几项小指标构成如下：

企业获利能力：当期利润、累计利润、净资产利润率、总资产报酬率、净资产；

企业偿债能力：流动比率、速动比率、存货周转率、资产负债率、利息保障倍数；

企业发展能力：利润增长率、权益增长率、销售增长率、市场份额、产品等级；

企业运营能力：短期贷款、及时供货能力、原材料采购、生产资源利用、职工队伍稳定性；

股利发放：累计分红、持续分红能力。

评价指标的含义分别为：

① 当期利润。利润指标是反映企业经营业绩和获利能力的重要指标。当期利润表现企业在本经营周期（季度）的盈利表现。

② 累计利润。累计利润反映了企业在经营期间长期的盈利能力，是企业一段时间内的业绩体现。

③ 净资产利润率。净资产利润率越高，企业自有资本获取收益的能力越强，运营效益越好。

④ 总资产报酬率。它从整体上反映了企业资产的利用效果，可用来说明企业运用其全部资产获取利润的能力。

⑤ 销售利润率。该指标反映销售收入带来净利润的能力。

⑥ 流动比率。衡量企业流动资产中可以立即变现用于偿还流动负债的能力。流动资产越多，短期债务越少，则流动比率越大，企业的短期偿债能力越强。

⑦ 速动比率。速动比率的高低能直接反映企业的短期偿债能力强弱，它是对流动比率的补充，并且比流动比率反映得更加直观可信。

⑧ 存货周转率。企业购入存货、投入生产到产品销售出去所需要的天数。提高存货周转率，缩短营业周期，可以提高企业的变现能力。存货周转速度反映存货管理水平，存货周转速度越快，存货的占用水平越低，流动性越强，存货转换为现金或应收账款的速度越快。

⑨ 利息保障倍数。表明企业的经营收益相当于利息支出的倍数，反映企业对借款利息的支付能力，是衡量企业对举债利息支付能力的重要指标。该比率越大，表明企业可供支付

利息的利润越多。

⑩ 资产负债率。资产负债率越小，表明企业长期偿债能力越强。

⑪ 利润增长率。表明企业盈利能力的增长情况，利润增长率越高，企业未来的盈利前景越好。

⑫ 权益增长率。权益增长率反映了股东资金的增长情况。

⑬ 销售增长率。销售增长率的提高表明企业销售能力增强。

⑭ 市场份额。市场份额是指企业所有产品销售数量占总销售数量的份额。企业市场份额大，企业对市场的控制能力及企业销售前景都较佳。

⑮ 产品等级。产品等级的提升是企业长期科研开发和投入的结果，是综合反映企业未来产品技术含量和市场潜力的指标。

⑯ 短期贷款。短期贷款是企业向银行申请的紧急融资，它的出现说明企业对资金的预算差，财务管理水平低。

⑰ 及时供货能力。企业的产品可供销售量与市场需求相差较多，说明企业及时供货能力差或对市场预测能力差。

⑱ 原材料采购规划。企业的期末原材料剩余过多，或原材料不足以满足产量，说明企业原材料采购规划差。

⑲ 生产资源利用。本期生产能力（包括生产线的开工和技术工人的工作时间）使用率低于60%，或生产能力小于产量计划所需，说明企业生产资源利用差。

⑳ 职工队伍稳定性。人员流动率过高将影响到企业人员的凝聚力，也影响企业的持续发展能力。

㉑ 累计分红。表明企业对投资者的回报水平。这一指标是以年度数据为评价依据，以年度累积而形成。企业累积分红的提升是以企业累积利润提高为前提的。企业累积分红越多，表明企业经营业绩好，对投资者回报大，企业投资价值大，对企业综合评价越有利。

㉒ 持续分红能力。企业如保持长期稳定的分红可提升对企业的评价，增强投资者长期投资的信心。

图2-14 企业综合绩效评价示意图

在综合评价时（见图 2 – 14），各个指标的权重是不同的，即各项指标对企业的影响程度是不同的。一般而言，企业盈利能力是评价企业最主要的因素。

6. 学生熟悉竞赛规则及系统参数。学生按照虚拟公司的分组通过软件的帮助板块自学竞赛规则（见图 2 – 15），自行熟悉系统参数（见图 2 – 16），并进行小组内部的讨论，描绘虚拟企业的特点。

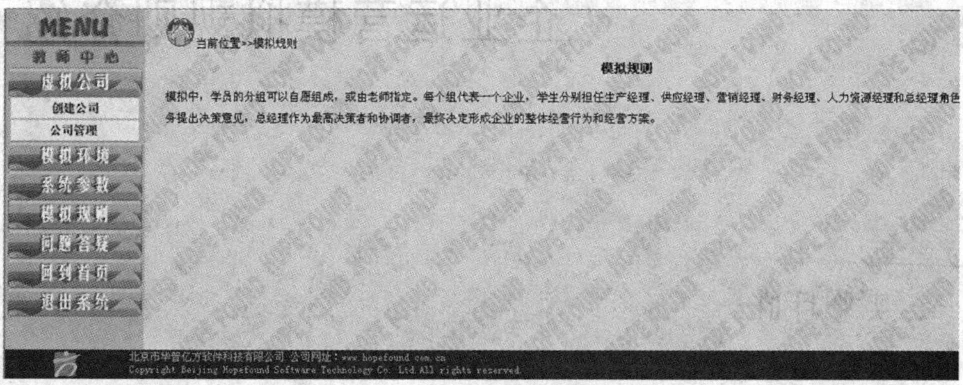

图 2 – 15　竞赛规则

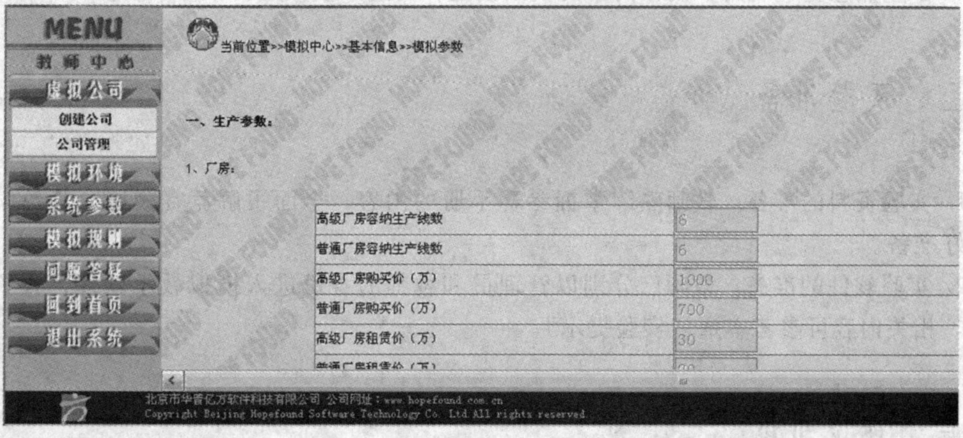

图 2 – 16　系统参数

7. 学生提交对虚拟企业认识的报告。以小组为单位，各虚拟公司总经理组织其成员撰写对模拟竞赛中的虚拟企业认识的报告，包括虚拟企业的结构、特点等。

8. 教师组织讨论。教师可选择几个虚拟公司的代表陈述本小组对模拟竞赛的认识，并做出总结。

五、实验评价

教师根据学生提交的报告对本节实验课的成绩给予评价。

第三章

企业运营模拟规则介绍

一、实验目的

1. 学生学习管理经济学的知识。
2. 学生熟悉企业规则，制作简单的决策模型，为进入模拟经营做好准备。

二、实验准备

1. 实验资料的准备。教师熟练掌握参赛手册的内容，全面了解竞赛规则，为给学生讲解做好准备。

2. 实验软件的准备。教师已分别以管理员和教师的身份进入模拟教学软件，设置竞赛环境。相关内容可参考本章“实验提示”。

三、理论知识

（一）企业经营活动

企业经营活动是指企业经营对象的内容或经营内容。企业经营活动基本上可以分为以下几个方面：

1. 生产活动。是指把投入变为产出的活动。生产活动是企业最基本的一项经营活动。生产活动的目的是满足人们的物质和精神需要。

2. 营销活动。是指借助一定的物质技术设备，运用“商品—货币”关系，通过多种方式和途径，引导产品从生产者到达消费者或者使用者手中，从而实现产品由实物形态到货币形态转化的活动。

3. 供应活动。是指用货币向供应单位购买企业经营所需的物质资料的活动。供应活动是企业经营活动的起点。

4. 财务活动。是指企业经营过程中发生的涉及资金的活动，包括资金的筹集、资金的运用和资金的分配等一系列活动。财务活动是其他各项经营活动的“血液”。

5. 人力资源开发活动。人力资源是企业的重要资源之一，是企业各项经营活动的保证。

在本模拟系统中，参赛者经营的虚拟公司是中国国内一家生产制造型企业，生产多种日用消费品（目前版本中是三种产品），并通过国内外代理商渠道销售到世界各地（目前版本中共分三大市场区域：中国国内、国际发达国家、国际发展中国家，国内区域共有4个细分市场：国内东部市场、国内南部市场、国内西部市场、国内北部市场），并且可以通过电子商务渠道在国际互联网上进行营销活动。企业需要保证人力资源的要求，要通过研究不断进行产品的升级换代，还要进行投融资活动，保证企业的资金运转和有效利用。

（二）管理经济学

1. 企业行为目标与利润最大化分析。企业行为的经济模式，是以企业追求利润最大化的行为目的为基础的。竞争迫使企业以利润最大化为目标，利润动机是支配企业行为最普遍、最强有力的力量，大量的企业行为的事实也证明了这一点。因此，谋求利润最大化成为企业进行管理决策的基本准则。

在管理经济学中，利润最大化的分析模型是以边际分析原理为基础构建的。在传统的经营决策中，一般采用平均分析的方法。即根据已经发生的事实，把反映过去的平均值用来推断即将发生的情况。只有当因变量和自变量总是成正比例变化时，这种分析方法才有效。但在真实的经济现象中，因变量和自变量之间的变化很多都是非正比的。因此，如果用平均分析法解决问题，很可能造成决策失误，而边际分析正好克服了这一缺点。

边际是用来揭示两个具有因果或相关关系的经济变量之间的动态函数关系。当某一经济函数中的自变量发生一个微小单位的数量变化时，因变量因此而发生的相应的数量变化值，称为该因变量的边际值。所以，边际分析反映的是某一经济变量在相关变量影响下所发生的边缘性变化的状况。它主要考虑的是由于决策而引起的投入量变动的边际产出或边际效果。边际分析方法已成为管理经济学最基本的分析工具。

简单地说，企业的总收入减去总成本就是企业的利润。可见利润是与企业的收入与成本相关的。利润最大化的边际分析结论是：当边际收入等于边际成本时，此时的产量为利润最大化的水平。其含义是：在这个产量水平上增加或减少一个单位产量引起的总收入的增加量或减少量恰好等于总成本的增加量或减少量，这时候增减产量都不会增加企业的总利润，因此总利润达到了最大水平。换一个表达就是：当企业的边际利润为零时，产量水平带来的总利润是最大的。

2. 市场供求及平衡。消费者需求的形成应同时具备两个条件：一是有购买欲望；二是有购买能力，二者缺一不可。单个消费者对特定商品或服务的需求属于个人需求，而全社会针对某种商品或服务的所有个别需求的总和就构成了市场需求，或称为社会需求。分析个人需求，是为了了解消费者的行为及特征；分析市场需求，则是为了从总的数量上把握产品市场的大小及其变化特点。在企业经营模拟中，我们需要研究的主要是市场需求，从企业的角度出发，研究消费市场的需求规律。

把需求量化之后就是需求量，是指一定时期和一定条件下，消费者对某种商品或劳务需求的数量。商品的需求量不是固定不变的，影响因素有很多，影响程度也不相同，关于这点，我们会在后面的章节中讨论。把需求量及其各影响因素之间的数量关系做出表达式，就得到了需求函数。如果假定除商品价格之外的其他影响因素都保持不变，那么需求量就成为了价格的一元函数。把这个函数做成图形，就得到了需求曲线，见图 3－1 中的曲线 L_2。在需求曲线中，横坐标是需求量，纵坐标是价格。不同商品的需求曲线一般是不同的，同一种商品在不同市场条件下的需求曲线也是不同的，再有，如果其他因素发生变化，需求曲线也会发生位移。

需求曲线一般是一条从左上方向右下方倾斜的曲线，斜率是负的。这表明需求量与商品价格之间呈反方向的变化关系：价格越高，需求量越少，价格越低，需求量越少。这个规律称之为需求定律。

与需求相对应的是供给。供给是生产者能够而且愿意生产并向市场提供商品或劳务的一种市场关系。它同样具有生产愿望和能力两个必要条件。市场供给就是该产品所有生产者的个别供给的总和，也就是该产品的行业供给。

与需求量相对的就是供给量，根据供给量及其影响因素也相应得到供给函数和供给曲线。供给曲线是供给量与商品价格的之间的数量关系，见图 3－1 中的曲线 L_1。通常，供给曲线是左下方向右上方倾斜的曲线，斜率是正的。即价格与供给量之间是同方向变动的，价格上涨，供给量增加，价格降低，供给量减少。

市场是由需求和供给构成的矛盾统一体。需求和供给是决定市场运行的两种基本力量，它们的变化会引起市场的变化。而市场作为一个有机系统，存在着自行调节机制。通过这种调节机制，可以使需求和供给形成某种规律性运动，从而达成某种相对均衡的状态。

当市场需求和供给两种力量达到势均力敌时，供需就处于均衡状态了。在这个状态下，商品的需求价格和供给价格是相等的，这个价格称为均衡价格；此时的需求量和供给量也一致，这个数量称为均衡数量。在图 3－1 中，需求曲线和供给曲线的交点 O 即为供需平衡点。这个点的横坐标就是均衡数量，纵坐标就是均衡价格。

市场价格背离均衡价格时，市场机制就会自动发挥作用，促使市场价格恢复到均衡价格。在市场中，随着时间的推移，各种因素会发生变化，均衡状态将被不断打破。因此，从长期看，市场供求处于一种旧的均衡不断被打破，新的平衡在不断建立的运动过程中。

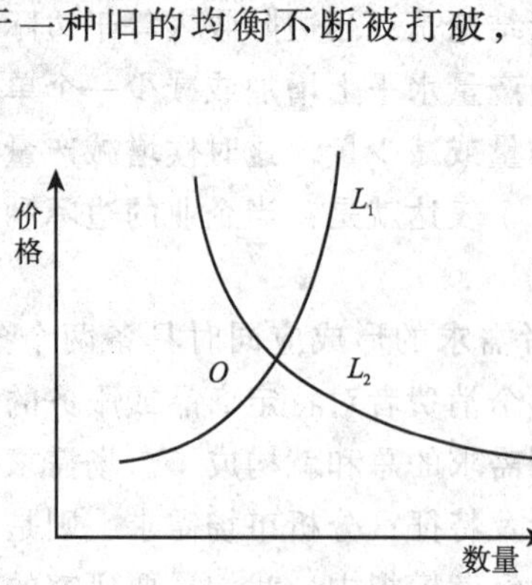

图 3－1 供需曲线与供需平衡

3. 市场竞争形态。理论上，一般把市场划分为四种基本类型：

（1）完全竞争市场。在这类市场中，任何生产者或消费者都不能影响或左右商品的市场价格。这类市场的特点是：商品的生产者和消费者数量非常多，每个生产者或消费者的交易占总量的比例都很小，市场上同类商品没有差别，无市场进出壁垒，市场信息完善。完全竞争市场只是一种理论上的市场结构。

（2）不完全竞争市场。其特点是：同类产品的生产企业数量很多，一个企业的行为不会影响市场，企业进出市场自由，不同企业的同种产品有差别，企业可以在某种程度上使自己的产品区别于其他竞争者，消费者不只是考虑商品的价格。现实中，这类市场是比较常见的。

（3）完全垄断市场。即由一个生产者独家控制市场。完全垄断市场是一个没有任何竞争的市场。当然，这也是一个理想状态。

（4）寡头垄断市场。市场由少数几家生产者控制。每个生产企业的销售额在市场总销售额中都占有较大的比重，企业行为是相互影响的，一家企业的行为很快会引起其他企业的反应。企业间的商品可以是有差别的，也可能是没差别的。寡头垄断是现实中另外一个比较典型的市场结构。

在竞争模拟系统中，市场结构是与寡头垄断市场类似的，其中某些特征也具有不完全竞争市场的特点。总之，模拟市场是与现实相当接近的。我们需要研究市场的特点，对市场上的供求关系进行分析，从而建立最适合的竞争策略。

四、实验操作

本章实验流程见图 3－2。

（一）教师讲解模拟经营规则

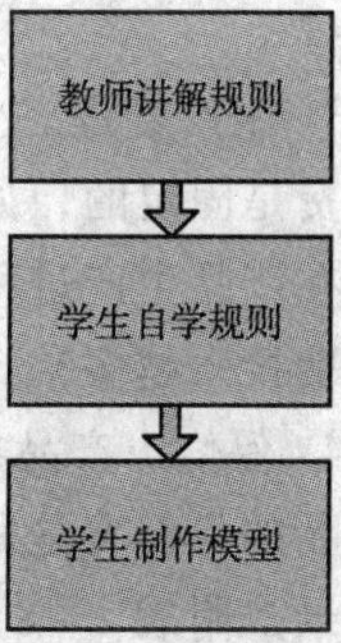

图 3－2

1. 生产流程。在模拟系统中，有三种产品可以生产，这三种产品是同一类耐用消费品，虽然结构不完全相同，但制造工艺是相似的，都分为两个工序：机加工和组装。机加工工序为非技术工人操作生产线，将原材料制造为产成品所需的零部件。组装工序为技术工人将零部件组装成成品。经过这两道工序，就实现了原材料转变为产成品的过程。

在加工阶段，由于零部件不同，所以加工时间也是不同的。在附录二附表 2－4 中给出了各产品零部件加工完成所需的时间。产品 A 所需零部件加工时间是三种产品中最短的，产品 C 是最长的。生产线可以单班运行，也可以两班操作，与非技术工人的工作时间有关。

加工完成后，技术工人将其零部件组装完成，各产品的组装时间是不同的。组装工人可以是单班次工作，也可以安排周六、周日加班。技术工人分两类：一般技术工人和高级技术工人，二者的区别在于工作技能和熟练程度不同，因此，两类技术工人组装产品的效率也是不同的。各产品的组装时间见附录二附表 2－5。

2. 生产资源。三种产品所需的原材料均有两种，三种产品由于构造不同，使用的零部件也不完全相同，因此制造各种产品的零部件所消耗的原材料数量也是不同的。具体每种产品的原材料使用量参看附录二中的附表2－3"各产品所需原材料数量"。产品A所需的原材料是三种产品中最少的，产品C是最多的。

生产线分为两种：自动生产线和半自动生产线。两者主要区别是生产效率不同，半自动生产线生产效率要小于自动生产线。此外，操作生产线所需的非技术工人数量也不同。

生产线的增加必须通过购买的方式。常规生产线购买决策时，购买生产线的季度支付货款，接下来的一个季度就可以开始使用，购买生产线必须考虑厂房的容量，即不能出现购买生产线后无厂房可以放置的问题。购买生产线也必须考虑企业是否有足够的现金。生产线也可以出售，在季度初就能售出获得现金。见附录二附表2－4。

生产线从开始使用后就产生折旧。生产线的折旧率是每季度2.5%。

生产线运行过程中会出现故障，这时需要中断生产进行维修。生产线的故障率与生产线老化的程度有关。如果对机器进行日常的维护，可以减少机器故障的出现。设备维护是生产企业的日常工作，本系统中设定每条生产线的维护时间是固定的。见附录二附表2－6、表2－7。

生产线因为有生产环境的需要，必须放在厂房中使用。本模拟软件设置了两类厂房：高级厂房和普通厂房。每个高级厂房可容纳6条自动生产线；每个普通厂房可容纳6条半自动生产线。因此，扩充生产线必须考虑是否有足够的厂房空间可容纳新生产线。

厂房的增加可以通过购买和租赁两种方式，购买一次付清款项，租赁每月支付租金。购买的厂房每季度有固定的费用支出。厂房可以退租，决定退租的季度不能使用。购买新厂房需要一个周期，即如果下季度新购买或租赁的厂房，下下个季度才能得到。如果企业在缴纳所得税后没有足够的现金，则无法购买新厂房。厂房出售的价格是原值，在季度初售出。已放置生产线的厂房不得出售，即不允许出现生产线没有厂房搁置的情况。见附录二附表2－2。

3. 生产管理。生产管理费决定着工厂的生产管理水平，需要作出决策。每班次的生产管理费是固定的，如果采取轮班制，总的生产管理费等于生产管理费决策值乘以班次数。

在产品生产过程中会产生不合格产品，被作为废品处理掉。工厂管理水平越高（生产管理费投入越多），产生的废品数就越少，但不会完全消失。

4. 保修。产品在保修期内可以得到企业的保修服务，由此企业将产生一定的费用。每件产品的保修费是固定的。产品的返修率受产品质量影响，即产品质量越高，返修率越低。见附录二附表2－8。

5. 研发。三种产品各有5个等级。竞赛初期已生产的产品为一级，没有开始生产的产品为零级。产品的等级提升要投入相应的研发费用以及一定数量的研发人员，即满足资金、研究人员数量的要求才可以经过一个季度的研发获得产品等级的提升。产品等级必须逐级提高。见附录二附表2－9。产品等级越高，市场竞争力越强，对市场需求有促进作用。

6. 原材料采购。两种原材料（M_1、M_2）都可以购买现货、三个月期货和六个月期货。下季度做的期货购买决策，三个月期货决策后下季度到货，六个月期货决策后下下季度到货。

发生采购行为时会产生采购费。采购原材料还会产生运费，按照采购原材料的数量计算。见附录二附表2－10。

当购买原材料达到一定数量时，供应商会有一定的优惠，见附录二附表 2-11。

7. 产成品采购。为了弥补生产能力的不足，可以让其他企业为自己加工产品，并按照一定的价格采购。各产品的采购费是固定的。见附录二附表 2-12。

8. 产品运输。由于三种产品的体积重量相似，所以三种产品的运输成本几乎相同，运费只与距离有关。不同市场距离企业工厂的距离不完全相同，所以运费是不完全相同的。见附录二附表 2-13。

9. 原材料和产品的仓储。企业有自己的仓库，分为原材料仓库和产成品仓库。购买的原材料和没有运输出去的产品储存在工厂的仓库中。仓库每季度有一笔固定的管理费，在仓库中储存原材料和产品也会产生费用。原材料期货到货前由于不在仓库，因此不会产生仓储费。见附录二附表 2-14。

10. 产品定价和销售收入。参赛者对每种产品在每个市场可以采取不同的定价。三种产品均为价格敏感类商品，而且降低价格将带来需求的增加，而提高价格会使需求减少。

在两个国际市场，零售商品是按照美元计算的，决策值的货币单位也是美元。而国际市场的回款是以人民币计算的，因此汇率的波动会影响到企业的销售收入。

销售收入只有 70% 能够在当期回款，其余要等到之后的一个季度才能收回。

11. 广告、促销与公司形象。企业可在市场投放产品广告，引发消费者的购买欲望。广告可能有滞后作用。

促销也是企业常用的营销手段之一。促销的投入增加将使消费人数上升。

企业通过参加各种社会活动、公益活动提升企业形象。公司良好的形象也会促进产品的销售，公司形象的影响也可能存在一定的滞后现象。

12. 代理商。企业产品的销售全部是由代理商完成的。没有代理商的市场是无法进行销售活动的。同时，由于代理商活动的区域是有限的，如果想完全覆盖某个市场区域，必须要有多个代理商。

代理商是否愿意为企业工作依赖于企业给代理商的支持政策，即佣金的高低是代理商考虑是否为企业工作的因素。提高代理商的佣金可调动其积极性，企业会接到更多的订单。代理商依据佣金比例获得自己的收益。

代理商的招募必须提前进行，代理商要等决策后的那个季度才能开始为企业工作。终止代理商的活动也需要一个季度，即终止代理商决策的那个季度，代理商还将为企业工作。企业招募代理商和主动终止与代理商的合同是有费用的。如果佣金过低，已加入企业的代理商也会马上离开（该季度不为企业销售产品）。退出市场时需要辞退所有的代理商。

代理商的招募和终止费见附录二附表 2-15。

13. 销售员。企业产品的销售同样需要销售人员的市场开拓，市场必须有销售人员才能开展销售。在国内市场工作的是一般销售人员，国际市场则必须有高级销售人员。

销售人员将从企业获得提成，按照销售收入的一定比例获得收益。企业给销售人员的提成越高，销售人员的工作热情就越高，将为企业带来更多的订单。

14. 电子商务。企业是可以通过电子商务渠道开展网上销售活动的。每个季度企业都需要维持网站的正常运行，有一笔基本建设费 5 万元。另外企业开展电子商务还需要进行网站推广和网站更新，因此需要投入网站推广费和网站建设费。这两项投入越高，会吸引更多的消费者上网购物，互联网渠道销售的情况就越好。

15. 销售管理。销售管理水平的高低对企业销售也有一定的影响。管理人员越多，意味着销售管理的程度越高，销售业绩会越好。

16. 工人的招聘、解聘与培训。机加工由非技术工人操作生产线完成，因此，每条生产线需要配备一定的非技术工人。没有配足工人数的生产线不能投入使用。因此，需要招聘非技术工人，每季度初，新招聘的非技术工人就会到岗。解聘同样是在期初完成的。

技术工人具备一定的技术，是相当稀缺的人才，其招聘和解聘需要一个季度。各公司可以作出招聘员工的决策，但能否招聘到，取决于人才市场的失业率情况、各公司的薪酬情况。

工人可能发生自动离职的情况，奖金越低，技术工人离职的可能性越大。

企业也可以选择培训工人。非技术工人经过培训可转化为一般技术工人，一般技术工人经过培训可转化为高级技术工人。培训期间工人不进行工作。培训需要投入一定的培训费用，并经过一个季度。

各项费用见附录二附表 2－16、2－17、2－19。

17. 销售人员、研发人员、管理人员的招聘、解聘。招聘和解聘销售人员是需要一个季度的，并且需要一定的费用。当销售人员对企业制定的提成比例不满时，将会在季度初主动离开企业，这种情况下企业不需要支付解聘费用。

研发人员的招聘解聘需要一个周期，会产生一定的费用。研发人员如果对奖金不满，可能会在季度末自动离职。

管理人员的招聘解聘需要一个周期，会产生一定的费用。管理人员不会自动离职。各公司管理人员有数量限制，最少不低于公司总人数（期初企业的总人数）的 10%，上限为 15%。

各项费用见附录二附表 2－20、2－21、2－22。

18. 人员的工资和奖金。各类人员每季度有固定的工资，但数额是不同的。奖金由决策确定。各项费用见附录二附表 2－16、2－18、2－20、2－21、2－22。

19. 长期贷款。长期贷款是企业向银行的融资，在竞赛期内不需要归还。企业的长期贷款有信贷额度的限制，为企业上季度末净资产的一半。季度初企业就可获得贷款。虽然长期贷款的本金不需要归还，但每季度需要支付利息。

20. 短期贷款。短期贷款属于金融机构给予企业的应急性的贷款。每当企业资金计划出现问题，在获得销售回款之前发生资金短缺时，自动给予短期贷款以满足企业的需要。短期贷款无法由企业自己安排。出现短期贷款后的下一季度初，银行就自动从企业资金账户中扣除短期贷款的本金和利息。短期贷款利息是相对比较高的。

21. 短期国债。企业可用闲置的资金购买政府的短期国债。短期国债是在季度末购买，如果企业现金不足则不能购买。购买的国债在购买的下一个季度收回本金并获得利息。

22. 库存价值。企业剩余的原材料和产品要计算库存价值，来修正企业的利润。单位原材料的价值按照当前 6 个月的期货价值计算。不同产品，库存价值是不同的，见附录二附表 2－25。

23. 所得税。缴纳企业所得税是企业的应尽义务。在模拟软件中企业每季度上缴的税款是应缴税额的 30%。应缴税额一般为企业本季度的毛利润。如果企业在前期处于亏损状态，亏损额可以在下一个季度抵消应缴税利润。

24. 扩股融资。企业为股份有限公司，竞赛管理教师可以设定在比赛期间是否允许企业增发股票进行融资。当公司的销售额和净利润连续一年达到所有公司的平均业绩以上时，公司即拥有上市融资的机会。融资的金额为资产净值的1/4。发行新股的公司在该季度需要缴纳一定的股票发行费用，为发行股票总金额的0.3‰。发行新股获得的融资要到下个季度的季初才能获得现金。

25. 所有者权益。企业的所有者权益包括股本、公积公益金和未分配利润。如果企业未发行新股票，则比赛期间股本是不变的。公积公益金每季度按照税后利润的10%提取，亏损时不提公积公益金。企业利润提取公积公益金后的剩余部分成为未分配利润。

26. 分红。分红是指企业在盈利基础上每季度可向股东分配的利润。分红的资金来源是企业的可分配利润。竞赛中企业分红的条件为：企业有未分配利润，分红总额不能超过公司本季度末的税后利润。

（二）学生自学企业运营管理软件规则

学生通过自己的学生账号登陆企业运营管理软件，在【基础信息】→【模拟规则】中查看和学习软件规则。软件包含的系统参数可在【基础信息】（见图3－3）→【模拟参数】（见图3－4）中查看。

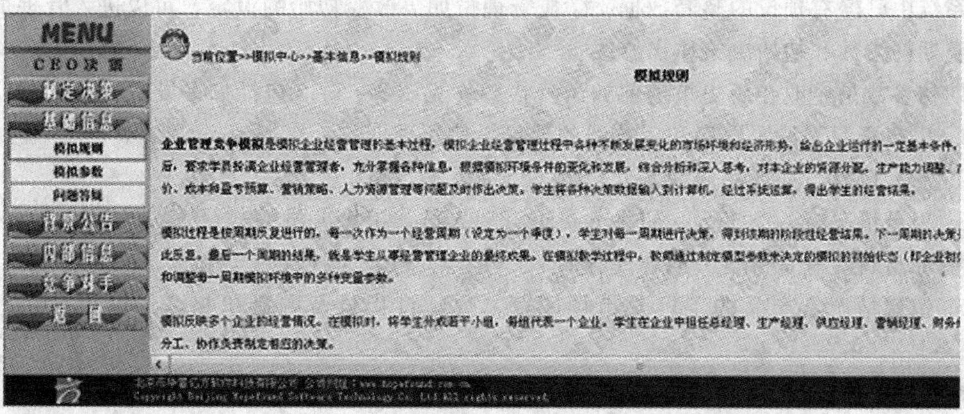

图3－3 竞赛规则

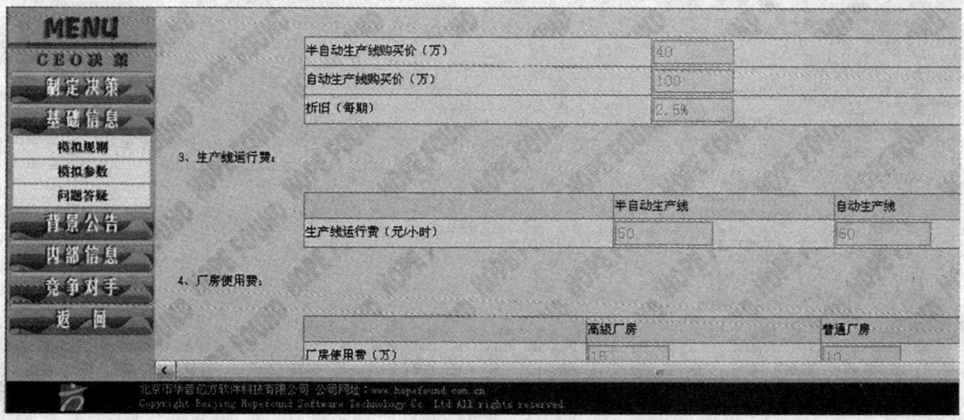

图3－4 模拟参数

（三）学生制作决策模型

学生根据规则建立生产、供应、人力资源、营销、财务等各部分的计算公式，汇总成简单的决策模型，为之后的模拟竞赛做好准备。

五、实验评价

教师根据学生决策模型的完成情况对本节实验课的成绩给予评分。

六、实验提示

（一）管理员对比赛期初参数和初始决策的设定

设定比赛期初参数和初始决策的作用是对虚拟企业交给学生运作之前的状态进行设置。在本系统中已经有预设的整套数据，学校管理员如果改变初始的设定，可以进入管理员界面对比赛期初参数和初始决策作出修改。

期初参数是企业在历史报表前的运营状态（见图 3－5）。包括如下设置：

1. 生产资源。设置厂房和生产线的数量、使用周期。

2. 产品情况。如产品周期、外包加工产品采购价格。

3. 人员情况。各类工人、研发人员、管理人员、销售人员的数量。

4. 原材料。现货价格、期初库存。

5. 销售情况。产品的工厂及市场库存、顺延订货量及顺延价格、经销商数量、初始季度。

6. 财务状况。初始现金、期初应收款、期初应付款、期初短期国债、期初长期贷款、股本。

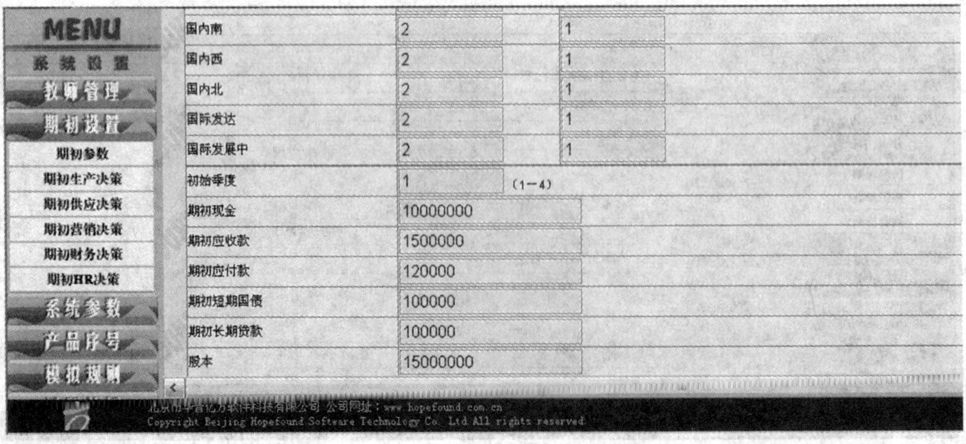

图 3－5 期初参数

初始决策（见图3－6）由教师制定，跟学生所作的决策内容是一样的，即教师来作历史的决策，包括生产决策、供应决策、营销决策、人力资源决策、财务决策。

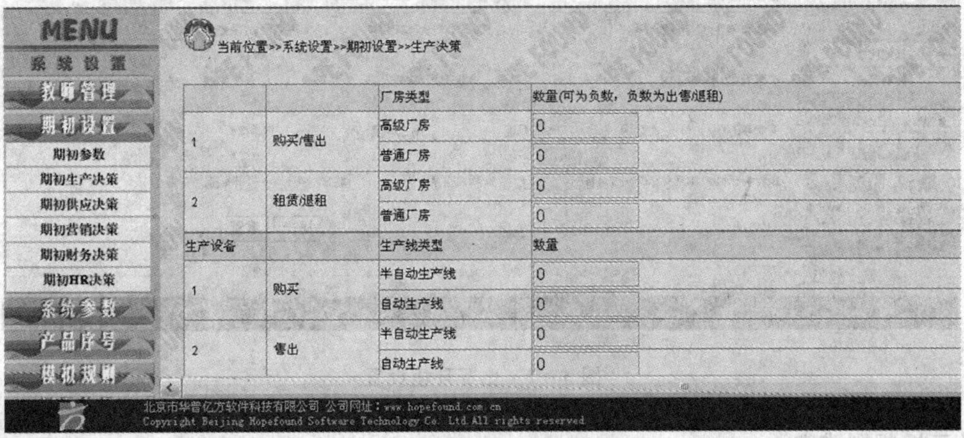

图3－6 期初生产决策

教师在选择开始比赛后，系统利用初始参数和初始决策自动生成一个管理报告，即比赛历史报告。学生根据这份企业经营报告接手继续对虚拟企业进行经营。

（二）教师对竞赛环境的设置

教师对比赛相关环境的设置相当于对企业所处的外部环境进行设置，这些设置将对经济环境等因素的变化产生影响，进而对企业的经营发展、成本盈利等带来一定的影响。教师通过竞赛环境的设置，可以让学生在不同的外界条件下经营自己的模拟企业，培养学生的分析能力、环境识别能力和应变能力。此外，教师还将在此界面中设置控制比赛的相关内容（见图3－7）。

1. 控制比赛的内容包括：比赛名称、比赛总轮数、每轮决策的间隔时间等。

2. 竞赛环境设置的项目有：每期经济增长：宏观经济环境在竞赛期间的变化趋势，经济的发展对消费者市场有一定的影响。

居民可支配收入增长：居民可支配收入在竞赛期间的变化趋势，居民可支配收入的增加可以增强市场的购买力。

季节因素设定：各市场季节因素对消费品市场的影响。每个市场四个季度的参数均可以不同。

价格、广告、促销弹性：决定了价格、广告、促销等因素对市场需求的影响，在弹性高的情况下，市场需求对各项因素的变化会更加敏感。

贷款和债券利率：设置长期贷款、短期贷款、短期国债的利率水平，这将影响到企业的财务成本。

汇率变化：汇率在竞赛期间的变化趋势，影响到企业在海外市场的收入。

失业率：失业率在竞赛期间的变化趋势，影响着劳动力市场的情况。

原材料采购成本变化：原材料现货和期货价格在竞赛期间的变化趋势，影响着企业的原材料成本。

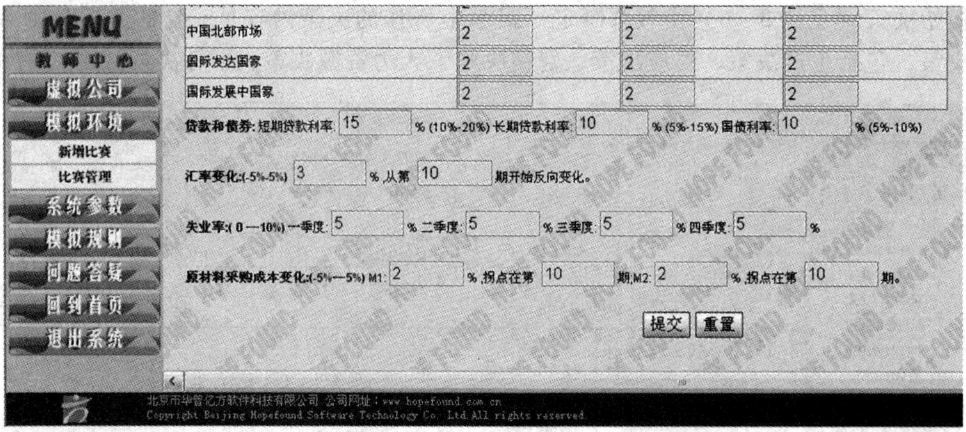

图 3－7 比赛环境设置

（三）规则难点

1. 产量与成品供应。产量要受到生产能力的制约，因此参赛者决策的生产量不一定是能够实现的。即只有生产线的加工能力（可开动生产线的总工作时间）、组装工人的组装劳动能力（组装工人的总工作时间）、原材料的供应（可供使用的原材料）都能满足要求时，决策的产量才能实现，否则系统会自动将原决策进行修改。

决策中的产量是生产数量，但由于存在废品，因此实际的成品数要少于产量，其关系式为：

某产品的正品数 = 实际生产量 − 废品数

成品可供应总量为生产的正品数、采购成品数和上季度末产品的库存。这些产品可运往国内、国际各市场。

2. 市场需求的影响因素。各市场对各种商品的需求与多种因素有关，符合基本的经济规律。

影响市场需求的因素包括：产品价格、广告、促销、企业形象、代理商、电子商务渠道建设、销售人员、销售管理、产品质量（产品质量越高，需求越大）、产品等级（产品等级越高，需求越大）、市场份额（市场份额越高，需求越大）、供货能力（如果某些企业的供货量小于市场对该企业产品的需求，一部分忠诚用户将采取预订的方式在下季度以原价格购买产品，另一部分客户可能会转向其他货源充足而且价格合理的企业购买产品）等。一个公司的需求不仅依赖于该公司的营销决策，也受到其他公司策略的影响。

同时，需求量也与整个市场的容量（不同产品在不同市场的容量可能各不相同）、经济发展状况、居民收入水平、季节变动等因素有关。

3. 现金收支顺序与短期贷款。企业在季度初可以通过向银行申请长期贷款和出售生产资源（厂房和生产线）获得资金，并且要偿还上个季度的贷款利息，支付各种费用。如果出现资金不足的情况，银行会给予企业临时贷款，即短期贷款。这些短期贷款的本金要在之后的一个季度内偿还。企业通过销售产品获得一定的销售收入，并得到上季度部分销售收入的回款。上一个周期购买的短期国债的本金和利息也将回到企业。企业上缴所得税后的剩余资金可用于购买厂房、生产线。如果企业有未分配利润，可以派发股息。剩余的资金可以投资于短期国债（见表3－1）。

表3－1

资金流入	资金流出
新增长期贷款	
资产售出收入	
	短期贷款及利息（上季度）
	长期贷款利息（上季度）
	生产费用
	供应费用
	营销费用
	人事费用
	研发费用
	财务费用
	保修费（上季度）
	仓储费（上季度）
新增短期贷款	
销售回款（当期和上季度）	
短期国债本金及利息（上季度）	
	企业所得税
	购买厂房
	购买生产线
	分红
	购买短期国债

（四）决策模型的制作

建立决策模型的目的是帮助学生准确计算大量的数据，快速进行决策。模型可以使用微软公司的Excel软件进行制作。这是由于Excel有比较强大的数据引用和函数功能，可很方便地进行数据的链接、计算和结果更新。通过建立模型，还可以使学生熟练掌握Excel软件的应用，该软件在实际工作中的应用是相当常见的。

模型可分为生产模型、供应模型、营销模型、人力资源模型、财务模型5个部分，建立完成后可将5个部分链接成一体。

生产模型主要是计算企业可生产的产量，根据供应部门的供应要求，制定生产计划并检查生产计划是否在生产资源允许范围内，即决策生产量是否有能力生产出来，否则必须对计划产量作出调整。此外，利用生产模型计算两道生产工序（加工和组装）的工作时间、原材料的消耗量等。生产模型的目的在于做好生产安排（加工的班次、技术工人的加班等），掌握生产状况，进而控制生产成本并制定中长期的生产规划（厂房、机器设备等）。

供应模型主要是根据企业营销的要求和生产状况计算企业的原材料供应和产品供应是否

满足企业需要，即企业原材料的供应应满足生产的需要，产品的供应是否超过可供应量，否则必须对计划供应量作出调整或安排成品采购计划。供应模型的目的在于准确地安排原材料和产品供应，并做好原材料期货等中长期的供应计划，同时掌握供应成本。

营销模型主要是按照目前企业的营销组合决策计算各产品、各市场的需求量，并根据生产产能的情况对营销组合进行调整。营销模型的目的是制定最适合的产品及市场营销组合，尽可能地准确估计需求，作出相应的营销中长期计划（经销商、企业形象宣传等），同时掌控营销成本。

人力资源模型主要是计算人力资源的需求并制定人力资源计划，制定适当的薪酬、激励计划。人力资源模型的目的是为企业其他部门的决策提供人力资源保障，做好中长期人力资源规划，同时掌握企业的人力资源成本。

财务模型主要是计算企业的各项收入、成本、企业的资产状况、资金的流入流出情况等，进而描绘企业的财务现状（主要是三张财务报表：资产负债表、现金流量表、利润表）。财务模拟的目的是掌握企业的财务状况，进而调整财务指标，并根据企业的资金需求制定投资、融资计划，以及企业的股息政策。

第四章

企业战略管理及第一次决策

一、实验目的

1. 掌握企业战略管理的思想和基本方法。
2. 学习运用企业战略管理进行竞赛的战略分析和战略制定。

二、实验准备

（一）实验软件的准备

1. 教师登陆教师界面，进入【模拟比赛】→【比赛管理】，点击建立比赛所在行的“参赛队伍”链接（见图4－1），进入竞赛队伍的选择页面，将本班级的队伍选择加入比赛中（点击该队伍的“参赛”按钮）。

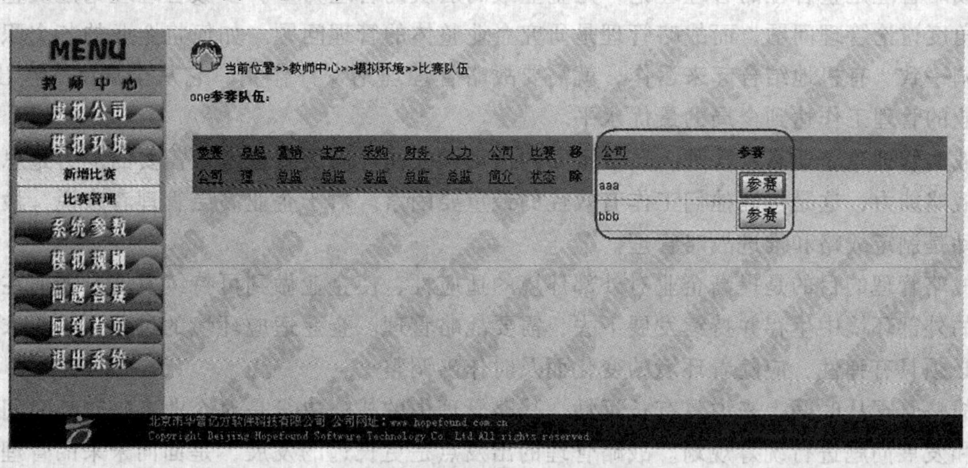

图4－1 参赛队伍的选择

2. 教师登陆教师界面，进入【模拟比赛】→【比赛管理】，点击“开始比赛”按钮，系统自动运行计算（见图4－2），生成期初的报告（即比赛历史报告）供学生使用。

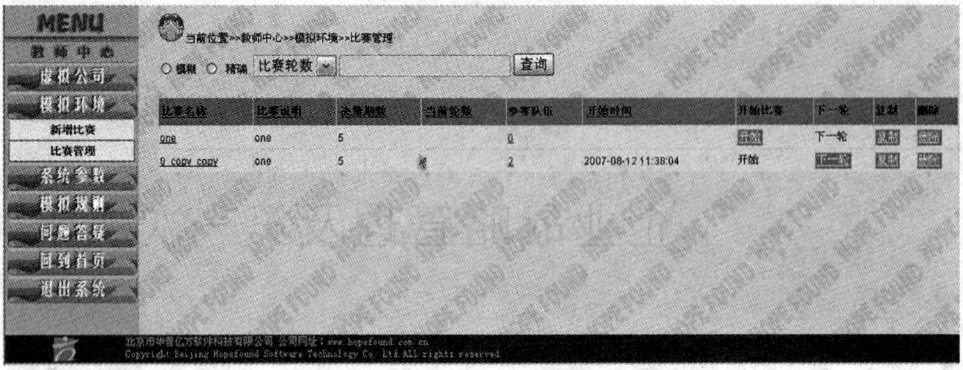

图 4－2　开始竞赛

（二）教师授课内容的准备

教师准备讲授企业战略管理的课件，理论知识参见本章第三部分。

三、理论知识

（一）企业战略管理

1. 战略管理的本质。战略管理是高层人员为了企业长期的生存和发展，在充分分析外部环境和内部条件的基础上，确定和选择达到目标的有效战略，并将战略付诸实施和对实施过程进行控制和评价的动态管理过程。在当今影响企业的环境因素越来越多、越来越复杂多变，而且竞争越来越激烈的时代，战略管理越发显示出在企业管理中的重要性。

战略管理是整合性的管理理论，是企业最高层次的管理力量。多数管理理论是从企业局部的角度讨论管理问题，而战略管理是研究企业整体的管理问题。如何将企业的各个职能部门协调一致、有机地结合起来运作，就需要战略管理理论发挥作用。它从全局的角度出发，使企业的管理工作达到全局的最优水平。

战略管理是企业高层管理人员最重要的活动和技能。高层管理者最需要的能力是思维能力和战略能力，这是保证他们工作有效性的最重要因素。对于企业高层管理者来说，最重要的活动是制定战略和推进战略管理。

战略管理的目的是提高企业对外部环境的适应性，使企业做到可持续发展。如何在复杂多变的外部环境中生存并持续发展下去，需要战略管理。企业适应环境的过程，也要求企业战略必须具有弹性，应随着环境的变化而及时作出调整。

战略管理从时间上来说具有长远性。战略管理中的战略决策是对企业未来较长时间内的生存和发展问题进行统筹规划。战略管理的出发点是更长远的发展，是面向未来的管理。

2. 战略结构。一般来说，企业战略可分成三个层次，即公司战略、事业部战略和职能战略。

公司战略是企业总体的、最高层次的战略。其侧重点有两个方面：一是选择企业从事的经营范围和领域，二是在确定所从事的业务后，在各事业部之间进行资源分配，以实现公司整体的战略意图。

事业部战略也称为竞争战略或经营战略，它处于战略结构中的第二层次。它所涉及的决策问题是在选定的业务范围内或选定的市场——产品区域内，应该采取怎样的竞争，以取得超过竞争对手的优势。

职能战略是各职能部门制定的短期目标和规划，其目的是实现公司和事业部的战略规划。职能部门强调的是把事情做好。

3. 战略管理的过程。战略管理大致可分为三个过程：战略分析→战略选择和评价→战略实施及控制。

（1）战略分析。是指对企业的环境进行分析、评价，并预测这些环境未来发展的趋势，以及这些环境及趋势可能对企业造成的影响。一般来说，战略分析包括企业外部环境分析和企业内部条件分析两个部分。

企业外部环境分析一般包括下列因素或力量：政治、法律因素，经济因素，技术因素，社会因素，企业所处行业的竞争状况（见图4－3）。

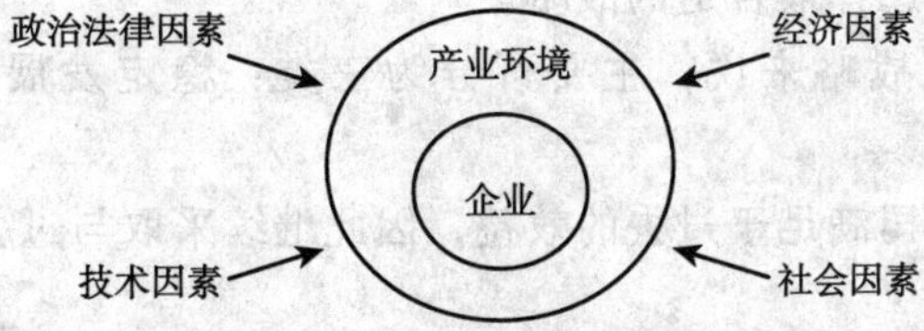

图4－3　企业外部环境

政治法律因素是对企业经营活动具有现存的和潜在作用与影响的政治力量，同时也包括对企业经营活动加以限制和要求的法律和法规等。这些基本政策包括产业政策、税收政策、政府订货、补贴政策等。政府因素对企业行为的影响是比较复杂的，有的政府行为对企业活动有限制性作用，有的则有指导作用和积极的影响。

经济因素首先要考虑宏观经济的总体状况，关键指标是国民生产总值（GDP）增长率。除此之外，企业还应考虑央行利率水平、劳动力的供给水平、消费者收入水平、价格指数的变化（通货膨胀率）等经济因素。跨国企业还要考虑关税、国际贸易支付方式等。

技术因素主要从两方面影响企业的发展。一方面，技术变革为企业创造机遇，新技术的出现可能为企业开辟新的市场，技术进步使企业生产出高质量、高性能的产品，或者大大降低企业的成本。另一方面，新技术也可能使企业面临挑战。技术进步对一个行业是机遇，对另一个行业可能形成威胁。

社会因素包括社会文化、社会习俗、社会道德观念、社会公众的价值观念、人口特征、地理特征等。社会因素影响着社会对企业产品或劳务的需要。

产业竞争性分析及企业的微观环境分析，主要内容是分析本行业中的企业竞争格局以及本行业和其他行业的关系。根据波特的观点，一个行业的竞争，存在着五种基本的竞争力量，它们是行业新进入者、替代品的威胁、购买商的讨价还价能力、供应商的讨价还价能力，以及现有竞争者之间的竞争。这五种基本竞争力量的状况和综合强度，决定着行业的竞争激烈程度，从而决定着行业获利的潜力。

企业内部条件分析主要包括下列方面：财务状况、产品线及竞争地位、设备状况、市场营销能力、研究及开发能力、人员的数量和质量、组织结构等。

对企业财务状况的分析主要是利用财务指标，如盈利性指标、流动性指标等。产品线及竞争地位分析是对企业产品的性能、技术优势、市场占有率等与其他企业进行对比。市场营销能力主要包括企业营销人员的能力和营销方案的评价。

除了这些常规分析，还要一点就是对企业独特竞争能力的分析，或者说企业核心竞争力的分析。企业核心竞争力是使企业超越竞争对手并获得较大利益的关键因素，核心竞争力是比较难以模仿的，会给企业带来竞争优势。

进行企业外部环境和内部条件分析的一个有效工具是 SWOT 矩阵，即通过外部环境分析，找到企业存在的发展机会和威胁（Opportunities 和 Threats），通过企业内部条件分析，找到企业目前的优势和劣势（Strengths 和 Weaknesses）。对于每一种企业外部环境和内部条件的组合，制定企业的战略目标和应对策略。

（2）战略选择和评价。制定战略是战略管理的核心部分，它是在战略分析的基础上完成的。对于一个企业来说，达成战略目标的战略方案可能有多个，决策者必须对这些战略方案进行比较和评价，从中选择最合适的战略。

对于最高层次的公司战略来说，主要可分为三类：稳定发展战略、发展战略和防御战略。

稳定发展战略基于公司满足于过去的效益，因此继续采取与过去相同或近似的战略，期望获得稳定的增长。

发展战略是不满足于现状，试图有所改变，消除竞争的危险或者获得高于行业平均水平的利润率。发展战略的类型有：集中单一产品或市场的战略、同心多样化战略、纵向一体化战略、复合多样化战略。集中单一产品或市场的战略即集中资源，以快于过去的增长速度来发展某一产品或市场，形成突破。同心多样化战略是公司增加与现有产品或服务相类似的新产品或服务，利用原有的经验形成新的利润增长点。纵向一体化战略是企业向上下游扩展经营业务，其目的是控制原材料、降低成本、扩大规模。复合多样化战略是公司增加与现有产品或服务没有直接关系的新产品或服务，目的是开拓新的领域同时分散风险。发展战略可选择下列三种方式：公司内部发展、合并、合资经营。

防御战略的目的与发展战略相反，不是寻求企业规模的扩张，而是通过调整来缩减企业的经营规模。一般包括抽资转向战略、调整战略、放弃战略、清算战略。抽资转向战略即减少在该领域的投资；调整战略是进行一定的收缩；放弃战略一般是出售某个部门、经营单位；清算战略则是停止全面业务，结束公司的存在。

经营单位战略一般有两种竞争战略：成本领先战略和差异化战略。

成本领先战略的理论基础是规模效益（单位产品成本随生产规模的增大而下降）和经验效益（单位生产成本随积累产量增加而下降）。成本领先战略要求企业的成本低于竞争对手，在成本控制上进行大量的管理工作，同时企业的产品必须具有较高的市场占有率，以实现规模经济。差异化战略是企业使自己的产品或服务区别于竞争对手的产品或服务，创造与众不同的产品。一般来说，企业可在以下几个方面实行差异化战略：产品设计或形象的差异化，产品技术的差异化，顾客服务上的差异化，销售渠道的差异化等。

战略评价和选择的工具有很多，如波士顿矩阵、行业吸引力—竞争能力分析法、生命周期法等。波士顿矩阵是波士顿咨询公司提出的方法，把企业的经营单位的市场增长率和市场占有率放在矩阵中，按照各经营单位所处的地位分别制定战略。行业吸引力—竞争能力分析法是美国通用电器公司和麦肯锡咨询公司共同研究的，也是利用矩阵的方式区分经营单位的地位并据此制定战略，其坐标换成了行业吸引力和经营单位的竞争能力。生命周期法是亚瑟利特尔咨询公司提出的，用两个参数确定公司中各经营单位所处的位置——行业成熟度和战略竞争地位。它认为行业可划分为四个阶段：孕育阶段、发展阶段、成熟阶段和衰退阶段，不同阶段应采取不同的企业战略。

职能战略是各个部门围绕公司战略和事业部战略制定的执行方案，职能战略必须互相支持和补充。其中，市场营销战略主要是进行市场细分化、制定市场营销组合和营销策略等；财务战略包括资金的筹集、现金预算、资本预算等；生产战略涉及作业系统的设计和优化，生产和质量管理等；人力资源战略包括人力资源规划，人员的招聘挑选、培训等。职能战略实际上就是战略的实施。

由于原先的战略计划可能制定不当或环境已发生变化，造成战略的局部或整体已经不适合企业的发展，因此一个完整的战略管理过程必须具有战略控制。在公司战略层次，控制的重点是使公司内各种活动保持整体的平衡。在事业部层次，控制主要是维持和改进经营单位的竞争队伍。职能战略层面的控制主要是作业控制。战略控制过程有三项基本要素：确定评价标准、评价工作成绩和反馈，从而保证有效地进行控制。

战略管理是企业最高层次的管理，学生扮演着企业最高层负责人的角色，所作决策也是企业最高层面上的、整合性的决策。学生要考虑如何将企业的各个职能部门协调一致，形成全局最优决策。

战略管理具备长期性的特点，战略决策是对企业未来较长时期内如何生存和发展进行的统筹规划。企业运营模拟也是以虚拟企业经营一段时期后的经营成果和未来发展前景作为比赛胜负的评判标准。

从以上两点可以看出，企业战略管理是适用于这个企业管理模拟的。

（二）现代企业经营决策方法

经营决策有三种基本类型：确定型、风险型和非确定型。

1. 确定型决策方法。确定型决策方法的应用应具备四个条件：（1）存在决策者期望达到的一个确定型目标；（2）只存在一个确定的自然状态；（3）存在可供决策者选择的两个或两个以上经营方案；（4）不同经营方案在确定状态下的损益值可计算出来。

确定型决策的方法主要有：量本利分析方法、线性规划法、投资报酬率法等。

（1）量本利分析方法。量本利分析法是通过分析产品数量（销售量）、生产成本、销售利润三者之间的关系，掌握盈亏变化的规律，指导企业以最小的成本生产出最多产品，并可使企业获得最大利润的经营方案。

量本利分析的前提是存在两种成本（或费用），一种是不随产品数量的变化而变化的成本，叫做固定成本；另一种是随产品数量变化而变化的成本，叫做变动成本。正是由于这两种成本的存在，客观上存在产销量低于一定数量时经营是亏损的（负利润），只有产销量大于一定数量时企业才有利润，且产销量越高利润也越高。当利润为零时的产销量称为盈亏平衡点。

量本利分析模型告诉我们：只有当产品的边际贡献（率）大于零时才存在盈亏平衡点。有时企业产销量达不到盈亏平衡点，企业还会继续生产，这是因为继续生产虽然不能盈利，但可以减少亏损，条件仍然是边际贡献（率）大于零。

（2）投资报酬率法。投资报酬率法是根据投资报酬率的高低来评判投资项目是否可行的方法。所谓投资报酬率是指年投资利润总额与投资总额的比，用公式表示如下：

投资报酬率 =（年利润总额/投资总额）×100%

企业利用投资报酬率指标评价投资方案时，通常可以将其与投资者确定的期望投资报酬率相比较，若投资报酬率大于或等于期望的投资报酬率时则为可行性方案。

2. 风险型决策方法。风险型决策方法主要用于人们对于未来有一定程度认识、但又不能肯定的情况，但每种自然状态可以根据以前的资料推断各种自然状态出现的概率。

风险型决策的评价方法主要有：决策树法、矩阵汇总法、优先理论法。

决策树法是一种用树型图来描述各经营方案在未来收益的情况，从而选择正确方案的方法。其具体步骤如下：

（1）根据可替换经营方案的数目和对未来市场状况的了解，绘出决策树型图。

（2）计算各方案的期望值。具体讲是：第一，计算各概率分枝的期望值，用方案在自然状态下的收益值分别乘以各自的概率；第二，将各概率分枝的期望值相加，并将数字记在相应的自然状态点上；第三，考虑各方案所需的投资，比较不同方案的期望收益值；第四，剪去期望值较小的分枝，将保留下来的方案作为被选的决策方案。

3. 非确定型决策方法。非确定型决策是在决策的结果无法预料和各种自然状态的概率无法预测的条件下，只能依据经验判断并有限地结合定量分析方法作出的决策。在非确定型决策的过程中，决策者的主观意志和经验判断居于主导地位，因此，决策者采用的标准不同，决策方法就不同。一般来说，非确定型决策的方法主要有乐观法、悲观法、后悔值法、折衷法、等概率法等。

乐观法也叫大中取大法。如果决策者比较乐观，认为未来会出现最好的自然状态，所以不论采用何种经营方案均可能取得该经营方案的最好效果。这种非确定型决策方法又称冒险决策法。

悲观法也称小中取大法。即决策者对于未来比较悲观，认为未来会出现最差的自然状态，因此，企业不论采取何种经营方案，均只能取得该经营方案的最小效果值，所以在决策时首先计算和找出各经营方案在各自然状态下的最小效果值，然后通过比较确定，选择在各最差自然状态下仍能带来“最大效果”的经营方案。

后悔值法也叫最大最小后悔值法。决策时应首先计算出各自然状态下的后悔值（即用某自然状态下的效果值减去该自然状态下该经营方案的效果值），然后找出每种经营方案的最大后悔值，并据此对不同经营方案进行比较，选择最大后悔值最小的经营方案作为决策方案。

折衷法也称现实估计值法。这种方法是乐观法和悲观法的折衷，因为完全持乐观态度是不现实的，而完全从悲观的态度出发又过于保守，也不符合企业经营的思想。

等概率法是在假设自然状态出现的概率相等的情况下，选取期望值最大的经营方案为最优经营方案的方法。

企业运营管理模拟最实质的学习点和考察点就是科学决策的思想和能力。学生要从复杂的环境中学会寻找问题、分析问题、解决问题，用科学决策的理论和方法指导自己的决策行为，从各种方案中找到最优决策，从而战胜竞争对手。

四、实验操作

本章实验流程见图 4－4。

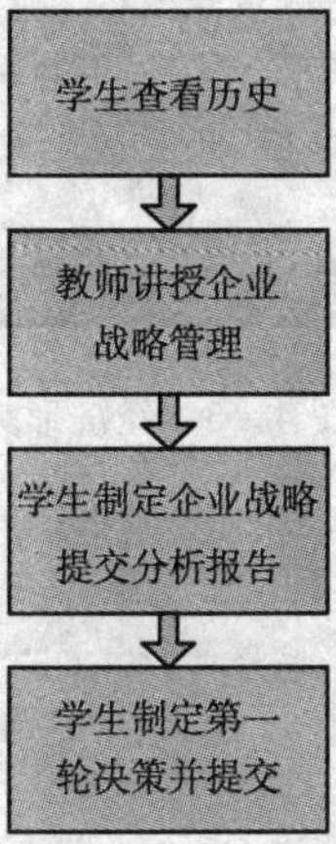

图 4－4

（一）学生查看历史

学生通过首页的【模拟大厅】，用自己的用户名和密码进入学生界面（见图 4－5），选择各自的决赛进入系统。

图 4－5　模拟大厅

学生在【背景公告】中，可以查看【经济形势】和【原材料价格】。在【内部信息】中，可以查看各职能部门的管理报告（见图 4－6 至图 4－12）。

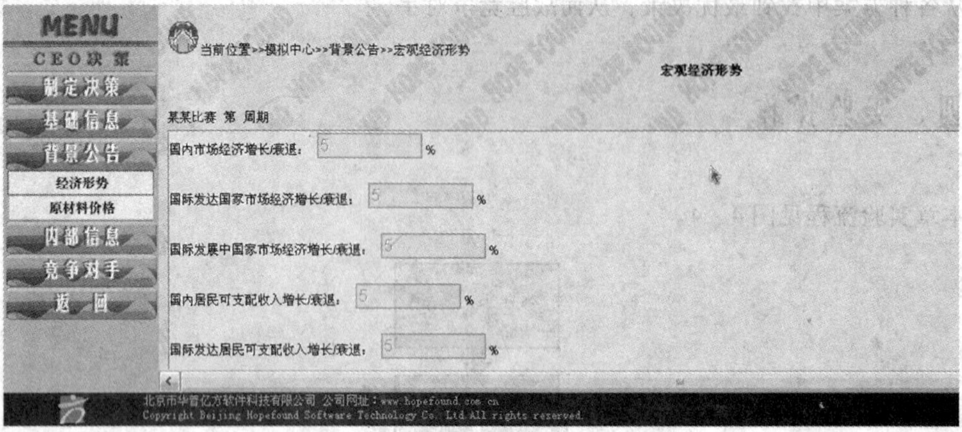

图 4－6 经济形势

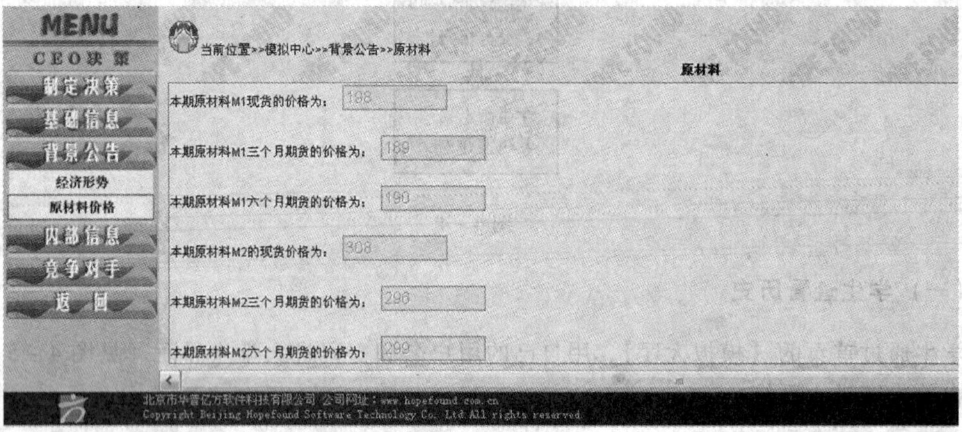

图 4－7 原材料价格

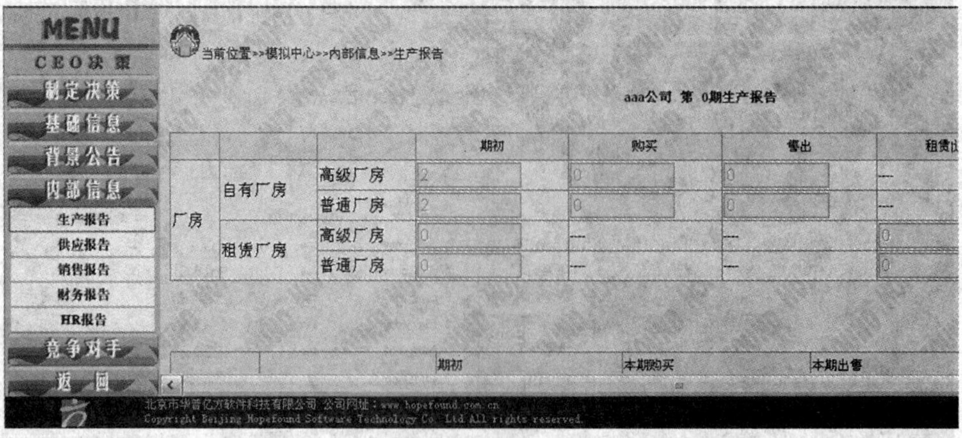

图 4－8 历史报告——生产报告

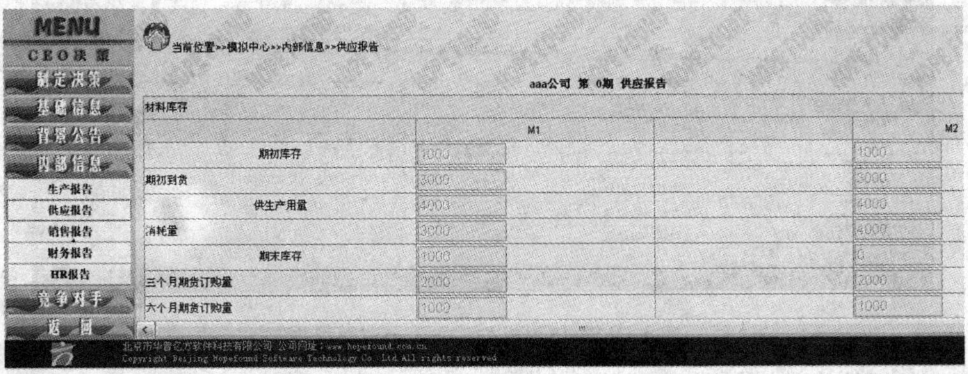

图 4-9　历史报告——供应报告

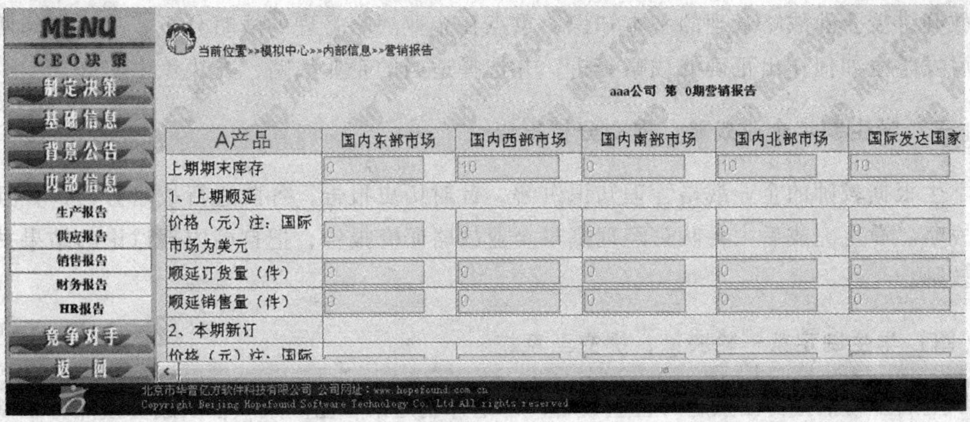

图 4-10　历史报告——营销报告

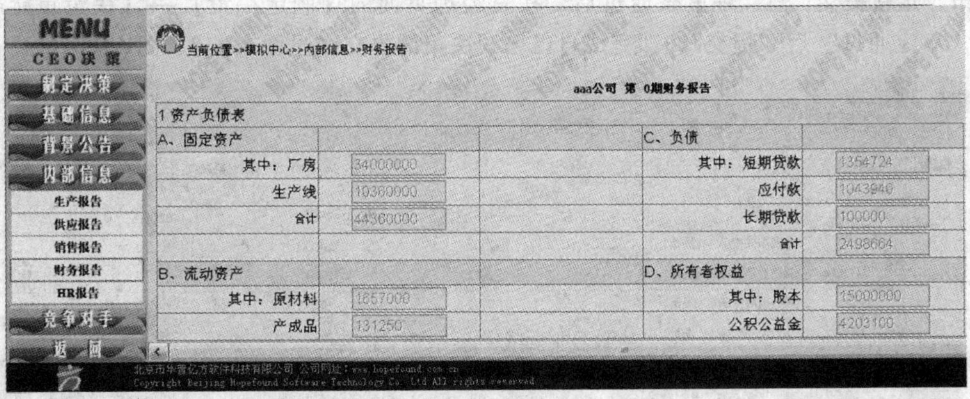

图 4-11　历史报告——财务报告

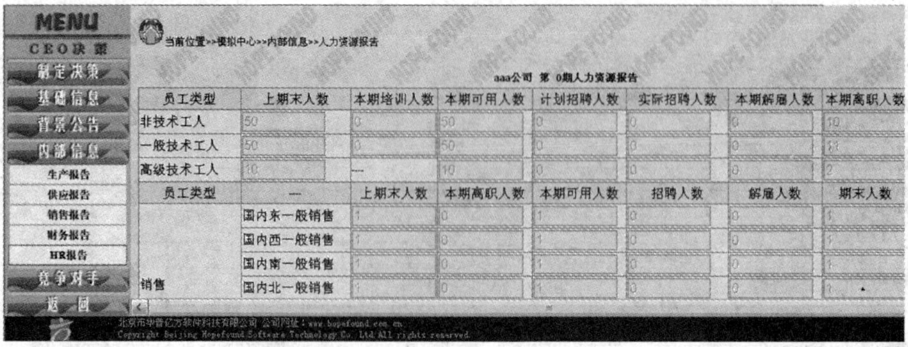

图 4 - 12　历史报告——人力资源报告

学生根据教师设定的环境和系统给出的历史报告，接着进行后面几个季度的决策。

（二）教师讲授企业战略管理

教师讲授企业战略管理的基本知识，重点在企业战略管理的战略分析、战略选择两个部分。启发学生如何作出正确的战略分析，并选择适当的企业战略，在决策中实施。

（三）学生制定企业战略，提交分析报告

学生根据教师的企业战略管理知识讲解，针对历史报告，各队进行战略分析，并且制定企业战略。学生完成后由各队总经理撰写企业战略研究报告，把自己内部讨论的结果书面汇报给教师。

（四）学生制定第一轮决策，提交至系统

学生的公司根据自己拟定的企业战略，讨论并制定第一轮决策。各队成员按照分工制定各部门的决策，在各自界面的【制定决策】中填写决策数值，提交至总经理和财务总监。财务部门审核后提出财务方面的意见，总经理审查后如果认为需要修改，可让各部门负责人重新制定决策，重新提交。总经理审核通过后，在总经理页面的【制定决策】→【决策审定】中，选中“审定通过”后“提交”，即完成自己公司决策的提交（见图 4 - 13、图 4 - 14）。

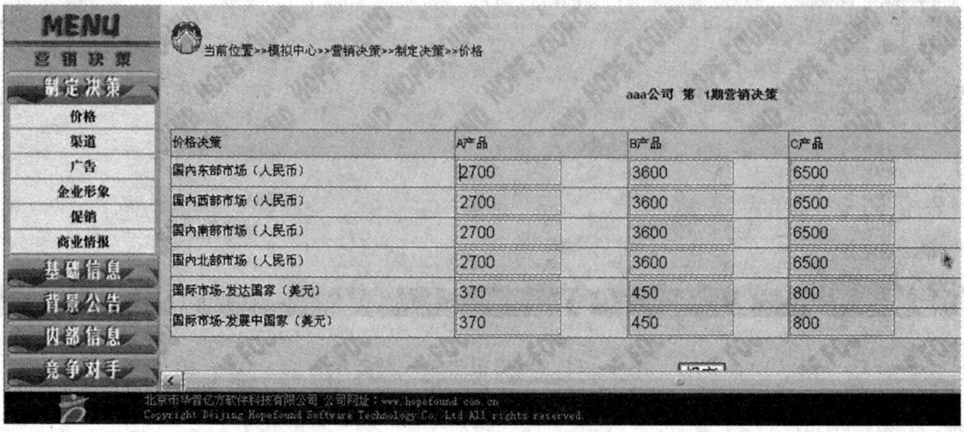

图 4 - 13　各部门制定决策——营销总监界面

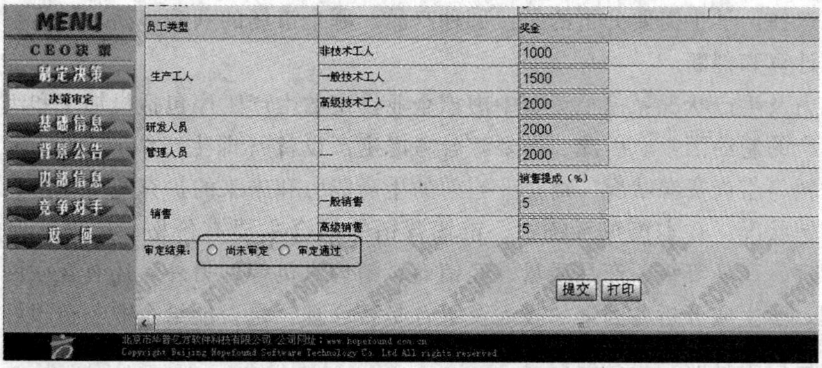

图 4－14　总经理审核并提交决策

五、实验评价

（一）学生对本章知识的掌握及运用

首先评价学生是否理解和掌握了企业战略管理的相关知识点，并能够运用理论知识在模拟经营中作出正确的企业战略分析及战略选择。

战略管理一般包括：战略分析、战略选择、战略实施及战略控制和评价四个环节。在本节课程中，学生主要是进行战略分析和战略选择。学生要对历史报告进行研究，对企业经营目标进行分解，对企业的内部环境和外部条件进行分析，选择并制定自己企业的战略。

1. 外部环境分析。外部环境分为两类，一类是产业环境，或称为微观外部环境；另一类是间接或潜在的影响企业的环境，即宏观外部环境。

产业竞争性分析主要是分析本行业中的企业竞争格局以及本行业和其他行业的关系。波特的五力分析模型是比较经典的。但本模拟系统是一个相对简化的模型，没有潜在的进入者，没有购买商和供应商的讨价还价，也没有替代产品和威胁，因此模拟竞赛的产业竞争分析集中在竞争对手分析上，并不在本节的学习范围内。

宏观环境因素分析就是通常所说的 PEST，即政治（politics）、经济（economics）、社会人文（society）和技术（technology）等因素对企业战略的影响。由于模拟比赛中政治和社会环境基本是稳定的，也不涉及重大的技术变革，因此，只有经济因素对比赛的战略有比较大的影响。

学生需要重点分析的是宏观经济的总体状况。一般来说，在宏观经济大发展的情况下，市场扩大、需求增加，企业有比较好的发展前景；反之，在宏观经济低速发展、停滞甚至倒退的环境下，市场需求增加很小，企业发展机会不大。反映宏观经济总体状况的关键指标是国民生产总值（GDP）的增长率、居民收入的增长情况等。

2. 内部条件分析。一般来说，一个企业的内部环境包括：财务状况、产品线及竞争地位、生产设备及生产能力、人力的数量和质量、市场营销能力、研究和开发能力等。在模拟竞赛中，以上这些因素都是我们需要分析的。

产品线及竞争地位：由于模拟比赛的起点是相同的，因此产品线和竞争地位的差异就是每个队伍的选择。学生需要分析的是：哪种产品、哪个市场的利润率高、扩展空间大等，要作出科学的计算和判断。

生产能力及生产状况：模拟竞赛中虚拟企业设定的生产工序包括机加工和组装，此外原材料也是生产的制约因素。因此，需要综合考虑生产设备（即生产线）、非技术工人、技术工人、原材料等生产资源状况，对企业当前的生产能力和未来的扩充能力作出判断。

市场营销状况：在本模拟系统中，市场营销的组合主要有价格、广告、促销、企业形象、销售管理、产品等级、产品质量、经销商、销售人员等，另外，还有互联网销售渠道的建设和管理。学生应分析各因素的投入及组合是否合理，是否能给企业创造很好的销售利润率，并提出营销组合的调整方向。

研发状况：需要分析的有当前产品等级，产品等级对企业利润及绩效的贡献，判断各产品是否要继续投入研发。

人力资源：学生应分析企业目前各类人员是否满足企业发展的要求，薪酬福利是否处于合理经济的程度，为人力资源的需求和薪酬计划提供依据。

财务状况：对于财务状况，有几点需要重点分析。包括：企业目前的财务指标及趋势，特别要考虑影响综合绩效的财务指标；企业的收益情况，企业盈利能否进一步提高；企业的筹资能力如何等。

3. 战略目标。在这个模拟管理中，企业的经营目标是虚拟企业最终的综合绩效分在行业中是最高的，即综合绩效超越所有竞争对手。这是企业的总体战略目标和长期目标，学生还要对其进行分解。分解的依据就是综合绩效分的评定项，包括企业获利能力、企业偿债能力、企业发展能力、企业运营能力、股利发放。

学生应根据目前企业的状况制定合理的战略目标，细化至各项小指标。企业战略的制定就是以战略分析的结果为依据，按照企业的战略目标来进行选择和规划。

4. 战略选择。制定战略是战略管理的核心，对一个企业来说，战略方案可能有多个，企业决策者必须从这些方案中选择最适合、最优的战略。

企业战略有不同的层次，一般可分为公司战略、经营单位战略和职能战略。在模拟竞赛中，主要是公司战略的选择。

在公司战略层面，可选择的有稳定战略、发展战略和防御战略。

发展战略是要积极地寻求战略的改变，期望获得比以前更高的收益，借以得到相对竞争对手的优势。由于 GMC 比赛中不能扩展新市场和开发新产品，也不能兼并竞争对手，因此发展战略的另外几种形式（如同心多样化战略、纵向一体化战略等）无法得以实施。因此在模拟竞赛中主要有两种形式：集中战略和全面扩张战略。

防御战略与发展战略正好相反，是通过缩减经营规模使企业获得更好的效益。

实际中，企业往往采取一定的战略组合，可以对某些产品（市场）采取防御战略，在某些产品（市场）采取发展战略。

选择何种公司战略，现实中有多种评价工具，如大家比较熟悉的波士顿矩阵（BCG 矩阵）等。在模拟比赛中，学生可以使用的是自己的评价工具。

（二）学生完成第一次决策

完成以下步骤可认为学生成功地完成第一轮决策：

1. 集体讨论决策，这个步骤也就是战略的实施阶段，各队按照既定的企业战略讨论各个部门的策略。

2. 按照分工，各部门负责人各自制定具体决策，并提交给总经理。

3. 财务总监和总经理审核决策。

4. 总经理给出意见，各部门协商完善决策。

5. 总经理最终确定决策，提交至系统。

六、实验提示

（一）比赛进程的管理

教师可以选择两种方式控制比赛的进程，即每轮之间的间隔时间。

一种方式是教师在【模拟比赛】→【新增比赛】时设定每轮比赛的时间。可供选择的每轮间隔时间是15～180小时。到达间隔时间时，系统会自动处理所有提交的决策（如果有的公司没有提交决策，则默认本轮决策与上一轮决策相同），并形成新一轮的管理报告。如果教师的课程安排时间是固定的，选择这种自动进行的方式管理是更为方便的。

另一种方式是教师自己控制比赛的进程。【模拟比赛】→【比赛管理】中点击“下一轮”按钮，即可立即处理学生的决策，生成管理报告。这样教师可以更灵活控制比赛的进程，不受时间的约束。

（二）教师依据战略设计对比赛环境进行修改

比赛环境的修改只能在比赛开始之前进行。在新增比赛完成后，如果还没有让比赛开始，可以对期初参数、期初决策、经济环境、各种因素设定进行调整。

修改保存后的环境在下一次新增比赛时，将默认的数据出现在界面中。

教师可根据希望考核学生的战略目标进行参数的修改。主要修改点为：

1. 修改生产资源。教师从区域管理员身份登陆系统设置界面，进入【期初设置】→【期初参数】，改变初始厂房和生产线的数量，设定生产资源不足或过剩的状况（见图4－15）。

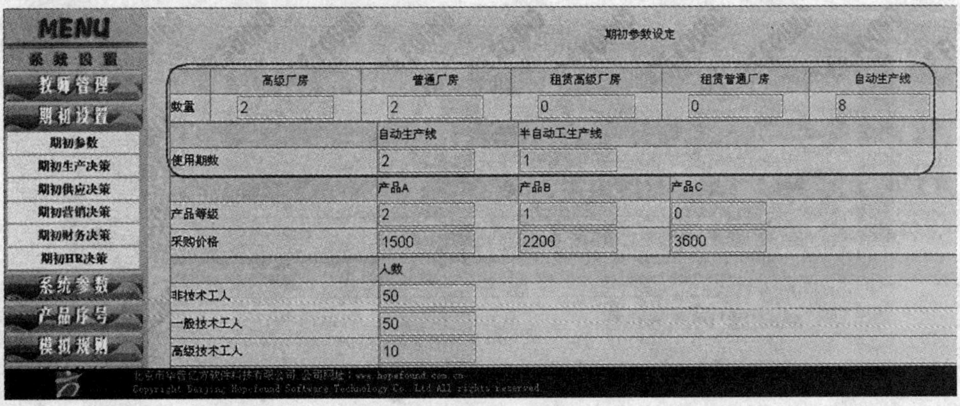

图4－15　厂房和生产线数量的修改

2. 修改人力资源。教师从区域管理员身份登陆系统设置界面，进入【期初设置】→【期初参数】，改变比赛初始各类的人员，设定人力资源不足或过剩的状况（见图4－16）。

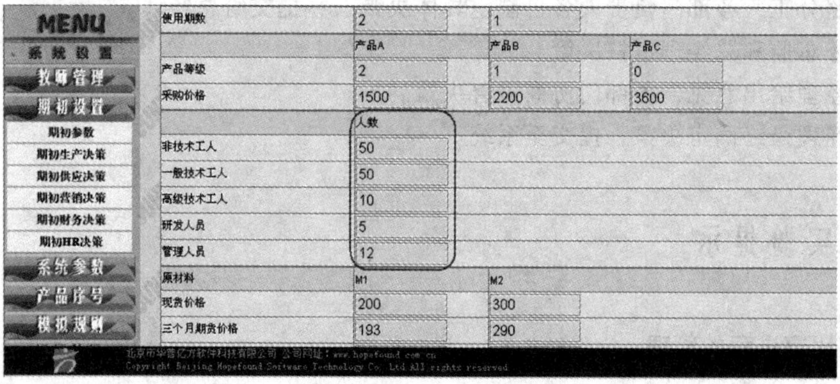

图4－16　企业人员数量的修改

3. 修改企业初始资金。教师从区域管理员身份登陆系统设置界面，进入【期初设置】→【期初参数】，改变比赛初始资金，设定企业的资金状况（见图4－17）。

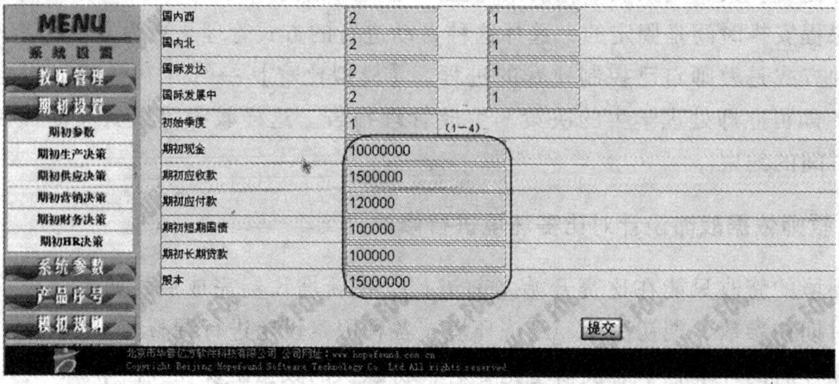

图4－17　企业资金状况的修改

4. 修改经济环境。教师从教师身份登陆教师中心界面，进入【比赛管理】，再进入设定的比赛，改变比赛经济环境、居民收入水平等因素，设定发展或衰退的经济环境（见图4－18）。

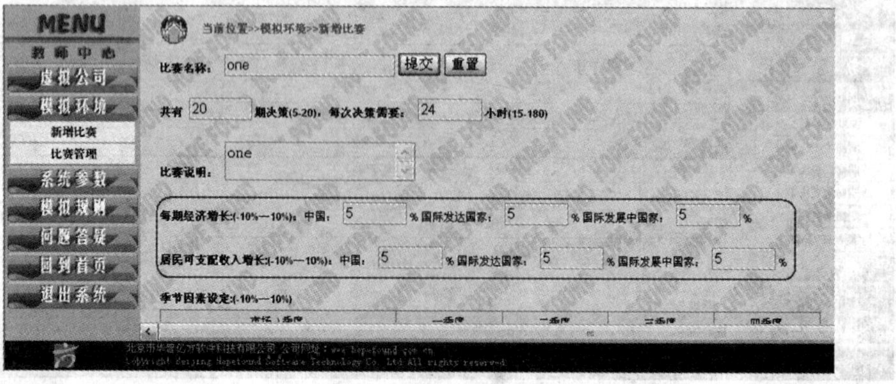

图4－18　经济环境的修改

5. 修改利率。教师从教师身份登陆教师中心界面，进入【比赛管理】，再进入设定的比赛，改变比赛中的各种利率，设定企业借贷成本的高低（见图4－19）。

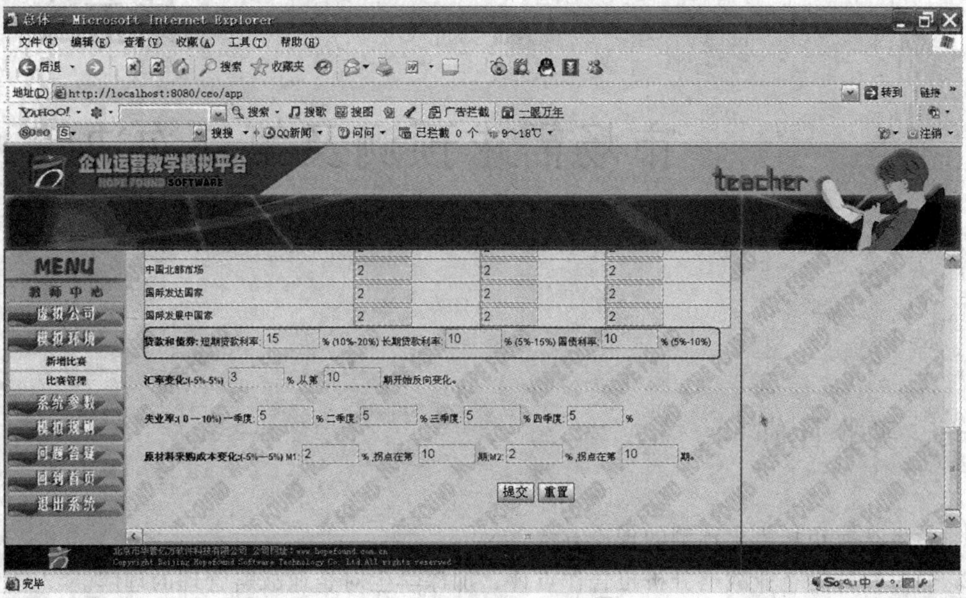

图4－19　利率的修改

第五章

市场需求预测及第二次决策

一、实验目的

1. 学生掌握市场需求预测的理论方法。
2. 通过教师对企业战略分析报告作点评，加深学生对企业战略管理的理解。

二、实验准备

（一）实验资料的准备——生成第一轮管理报告

教师进入【教师中心】，在【模拟比赛】→【比赛管理】中点击“下一轮”按钮，让系统处理学生的第一轮决策，生成第一轮管理报告。如果教师设定好每轮报告处理时间，也可以不用手工处理。详见第四章的实验提示。

教师应以学生身份从模拟大厅登陆，注意查看当前的比赛轮次是否正确（见图 5－1），否则可能是软件出现问题，需要查找原因解决问题，可能的话在【比赛管理】界面中重新运行生成第一轮报告。

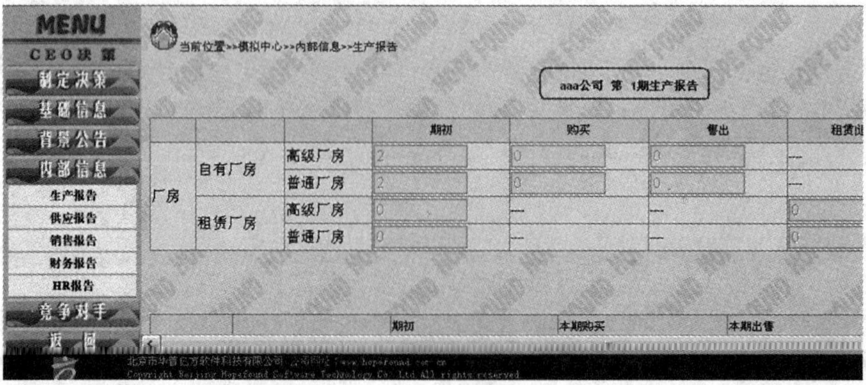

图 5－1　注意比赛轮次是否正确

（二）授课内容的准备

1. 报告的点评。教师给每个队打印 1 ~2 份第一轮管理报告，在课堂上交给每个公司的总经理。教师事先浏览学生的报告，总结学生第一轮决策的表现和出现的一些问题。

2. 课件的准备。教师应准备讲授市场需求预测的课件，理论知识可参考本章第三部分。教师还要研究本模拟软件中影响市场需求的因素，在课堂上指导学生。

三、理论知识

（一）市场预测方法

1. 专家评估法。这种方法是美国兰德公司在 20 世纪 40 年代提出的，逐渐发展成为世界上广泛采用的一种定性预测方法。专家评估法又称德尔菲法（Delphi），引自希腊神话。它是以匿名的方式向一组专家轮番征询意见，加以综合整理，逐步取得一致意见而进行预测的方法。它的优点有：专家独立思考，充分发表自己的见解；通过反馈可以了解不同的看法，相互启发，修正个人意见；集思广益，发挥专家的集体智慧，从而避免主观性和片面性，提高预测质量，为决策提供较可靠的信息；以专家掌握的情况、理论水平和经营为判断基础，缺少数据时也可应用；简便易行，预测比较快速、节约时间，同时还具有较高的可靠性。它的缺点有：责任分散，适用于总额预测；预测组专家的中途退出将对预测产生不良影响；依赖于专家组的水平；仅凭经验，判断有一定的局限性。

因此，在选用专家评估法时，专家的选择是十分重要的，应聘请见多识广、经验丰富、有真才实学、分析判断能力强、同预测问题有关的业务内行作专家。专家组的人数要根据预测课题的复杂程度而定，通常选择 10 ~50 人。

预测的进行即对专家的征询，轮番向专家征询意见。

第一轮：预测小组将预测课题、征询表和背景资料，提交给专家小组中每一位专家征询意见。要求每一位专家提出个人初步预测结果的论据和进一步研究所需资料。

第二轮：将第一轮意见汇总整理，补充一些要求和资料，再反馈给各位专家进行第二轮征询意见。请专家对别人的预测加以评论，并对自己的预测意见加以补充说明。

第三轮：将第二轮意见汇总整理，补充内容，再反馈给专家进行第三轮的征询。专家进行深入思考，进一步评论别人的意见并修正自己的意见。

第四轮：对专家意见进行反复修正汇总后再反馈给各位专家，要求专家提出个人最后预测及其依据。

一般在 4 ~5 轮的匿名征询后，多数人对预测问题的意见可渐趋一致，分歧也会减少。这时可将征询的结果用统计学的方法加以集中整理，最后得到比较切合实际的预测答案。

2. 回归分析预测法。现实中，一种经济现象的存在和发展变化必然受相关联的其他现象存在和发展变化的制约和影响。回归分析预测法就是从各种经济现象之间的相互关系出发，通过对与预测对象有联系的现象变动趋势的分析，推算预测对象未来状态数量表现的一种预测方法。

回归分析研究的变量分为自变量和因变量。自变量是确定的普遍变量，因变量是随机变量。回归分析就是研究自变量和因变量之间的数量变动关系，由回归分析求出的关系式（数学表达式），称为回归模型。

回归模型的类型有一元回归模型和多元回归模型（区别在于自变量的数目）、线性回归模型和非线性回归模型（因变量和自变量是否呈线性关系）等。

回归分析需要做的工作有：确定自变量和因变量；对于多元回归，要注意多个自变量之间的关系必须是不密切的，避免出现多重共线性，多重共线性会使回归预测模型失去作用；借助散点图来选择回归模型（线性关系、双曲线关系、指数关系、对数关系等）；计算待定参数从而建立回归模型；对回归模型进行检验（可以使用 t 检验、F 检验等）；最后再根据模型进行分析预测。

3. 时间序列平滑预测法。有时候经济现象是错综复杂的，找到影响预测目标变化的主要因素是困难的；有时候即使找到了某些主要因素，但在缺乏必要的统计资料时，也不能应用回归分析预测法，这时采取时间序列分析预测法是一个选择。

时间序列分析预测法是将预测目标的历史数据按照时间的顺序排列成为时间序列，然后分析它随时间的变化趋势，外推预测目标的未来值。这样就把影响预测目标变化的一切因素由时间综合起来描述了。

在时间序列中，每个时期数值的大小，都受许多不同因素的影响。时间序列分析通常对各种可能发生影响的因素按性质分为四大类：

长期趋势：长时间内朝着一定的方向持续变化，反映了事物的主要变化趋势。

季节变动：由于自然条件和社会条件的影响，在一年内随着季节的转变而引起的周期性变动。

循环变动：以数年为周期的变动。

不规则变动：由各种偶然性因素引起的无周期变动，分为突然变动和随机变动。

以上四种因素对时间序列的影响有几种组合形式：加和型、相乘型和混合型。

预测时间序列长期趋势的方法主要是平滑预测法。常见的包括移动平均法和指数平滑法。

移动平均法是根据时间序列资料，依次计算包含一定基数的时序平均数，以反映长期趋势的方法。移动平均法有简单移动平均法、加权移动平均法、趋势移动平均法等。

移动平均法有两个不足：一是存储数据量较大；二是对最近的数据等权看待，而对较远时间的数据完全不考虑。指数平滑法则不需要存贮很多的计算数据，又考虑了各期数据的重要性，且使用了全部历史资料。因此它是移动平均法的改进和发展，应用较为广泛。指数平滑法根据平滑次数不同，分为一次指数平滑法、二次指数平滑法，等等。

研究季节变动时，把逐年重复出现的季节变动的方向和幅度加以总结和归纳，就形成了季节变动模型，反映了时间序列在一年内季节变动的典型状况。季节变动模型的指标有两种：一种以相对数表示，为季节比率；一种以绝对数表示，为季节变差。

四、实验操作

本章实验流程见图 5-2。

1. 学生查看第一轮报告。学生使用自己的用户名和密码进入模拟大厅，选择自己的角色进入决策界面。这时，在【内部信息】中就可以查看第一轮的报告。此过程与查看公司历史是一样的，只不过此时的管理报告是系统处理各队的第一轮决策后生成的。

在【背景公告】的【经济形势】中，可看到当前的经济环境状况、利率情况、下季度汇率情况和失业率情况。在【原材料价格】中，可看到下季度原材料现货和期货的价格，这部分信息的查看也与历史报告类似。

2. 教师点评学生的企业战略报告。教师可以选择部分学生代表所在队发言，阐述所在队进行战略分析的过程及得到的结论，选择公司战略的依据，以及战略的具体执行。教师根据在比赛前设定战略的意图给予评价，并给学生讲解如何正确地进行战略分析，并合理地选择战略。

3. 教师总结第一轮决策情况。教师首先总结第一轮报告的提交情况，即学生是否完整地填写了决策，并在课堂时间内正确提交至系统，并就第一轮提交报告出现的问题提醒学生注意。

4. 教师讲授经济预测与需求预测的理论、方法。教师讲授有关市场预测的相关知识，并根据本节的实验提示，结合模拟系统的特点，讲解如何在比赛中预测市场需求。

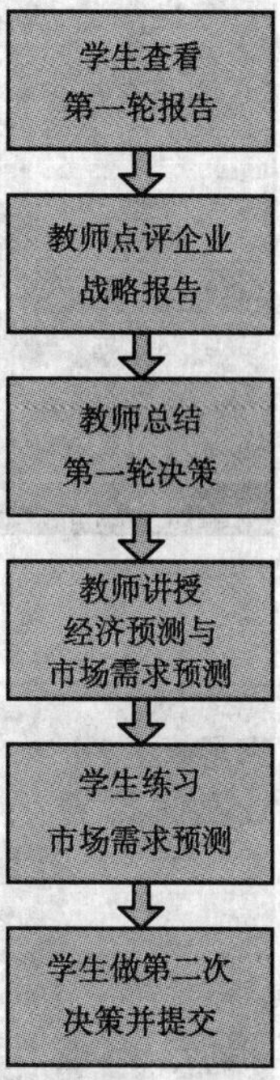

图 5-2

5. 学生做第二轮的市场需求预测。学生以队伍（公司）或小组为单位进行研究，以市场总监为主，共同分析下季度的市场需求。首先分析外部环境的变化：宏观经济情况、居民可支配收入的情况、季节性变化等，考虑外部环境引发的市场需求的变化（见图 5-3）。

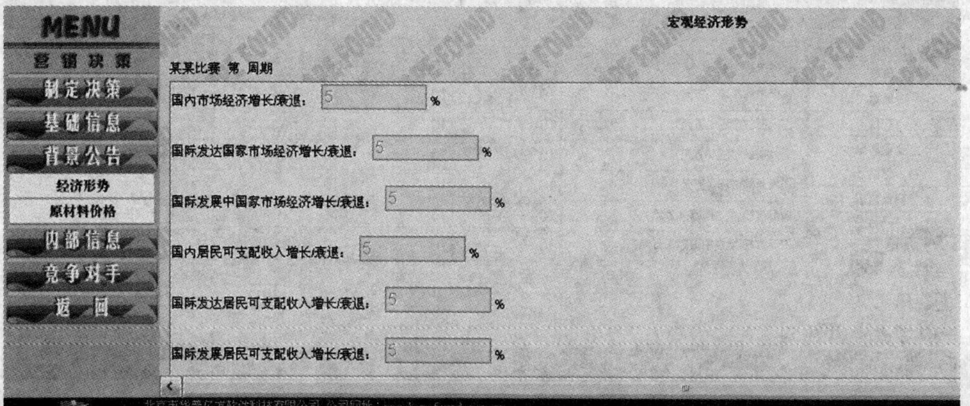

图 5-3　查看经济环境信息

在价格、广告等因素不变的情况下，就可以根据这些因素，分析市场需求。对产品和市场应逐一分析，分别预测出各种产品在各市场中下个季度的订货量，并记录下来，作为决策参考，并保留到下节实验课使用（见图5－4至图5－7）。

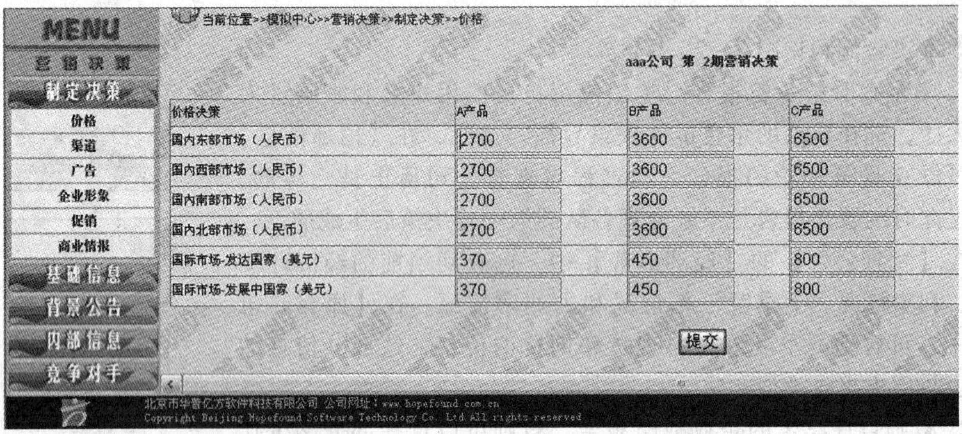

图5－4　查看各市场各产品的价格

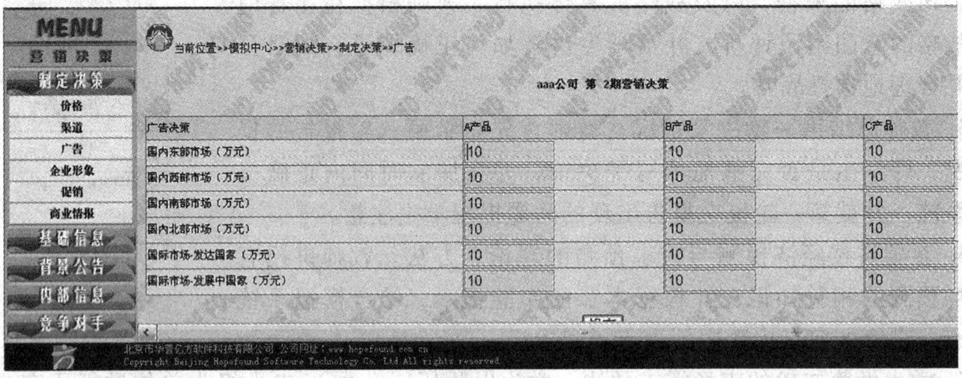

图5－5　查看各市场各产品的广告投入

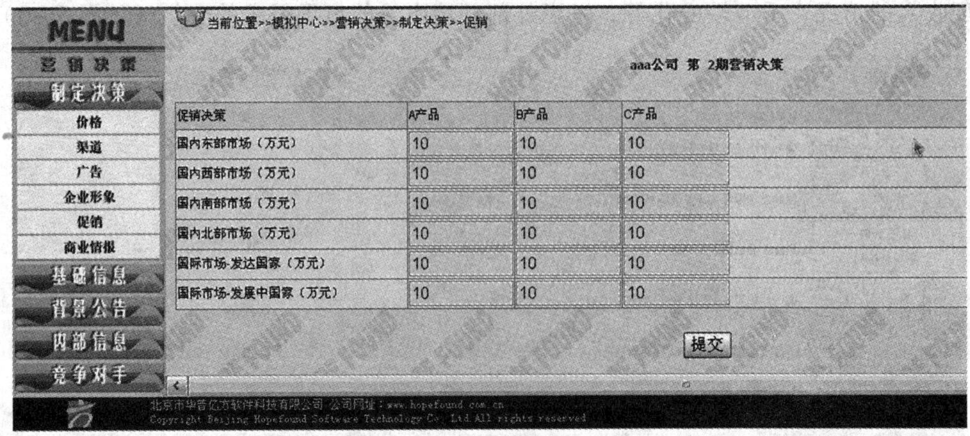

图5－6　查看各市场各产品的促销投入

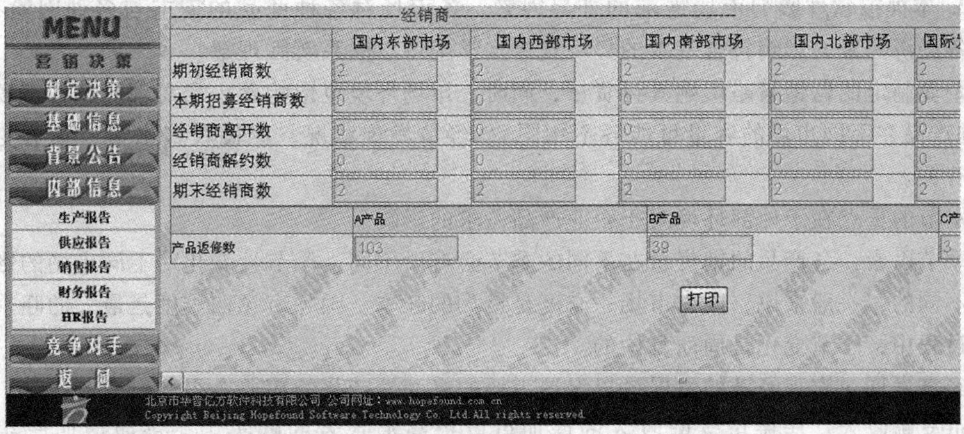

图 5－7 查看各市场经销商数量的情况

6. 学生做第二次决策并提交。根据预测的订货量，负责供应的学生分别计算各市场各产品的应供货量。计算公式是：

应供货量 = 预测需求量 － 上季度市场库存 + 上季度未交订货

负责生产的学生根据供应部门提供的供货量安排生产，安排生产时要考虑工厂中的库存量，如果有库存，就可以少生产一些产品。各部门负责的学生全部完成各自决策后，提交给总经理审查，决策由总经理认定后提交至系统。

五、实验评价

1. 学生对市场预测分析的掌握。每个队由总经理组织撰写市场分析报告。报告中要写明以下几点：（1）预测市场需求所用的方法；（2）预测市场需求时考虑了哪些因素；（3）各因素对市场需求的影响是如何预测的。教师可根据学生撰写市场预测分析报告的认真程度、市场预测知识方法的掌握程度给各队打分。

2. 学生完成第二轮决策。学生按照分工完成各部门的决策，最后由总经理提交决策。即完成第二次决策的制定和提交。

六、实验提示

1. 第一轮管理报告的点评。教师根据自己对企业外部环境和内部条件的分析，找出适合虚拟企业发展的较佳的战略（或者根据最初的设计，把考核学生的战略加以总结），然后根据学生的决策情况进行点评，对正确做出企业战略分析，并在决策有较好体现的公司给予表扬。

在企业外部环境和内部条件的分析中，主要可以运用 PEST 法分析外部环境，重点分析经济环境对企业的影响。在进行了外部环境和内部条件的分析之后，得到 SWOT 分析的结论。在战略选择方面，可根据波士顿矩阵（或者是改良的方法）得出公司战略组合的结论。

2. 本模拟软件影响市场需求的外界因素。各市场对各种商品的需求与多种因素有关，并且各经济因素的影响符合基本的经济规律。学生可以联系实际理解。

企业制定的营销策略影响其订货量，同时，市场环境也影响着市场需求。还与市场容量（不同产品在不同市场的容量可能各不相同）、经济发展状况、居民收入水平、季节变动等因素有关。

本节的重点在于外部环境对于企业产品需求的影响。

季节因素：各产品的销售量在不同的季节会有所不同。季节性变化对不同市场的影响可能是不同的，一般来说，国内市场一季度是最大的旺季，国际市场四季度是最大的旺季。在竞赛过程中，季节变化是周而复始的。

经济发展：宏观经济的发展可以促进市场的繁荣，产品的需要会得到提高。

可支配收入：居民可支配收入的增加可以提高消费者的购买力，进而增加产品的需求量。

第六章

生产管理及第三次决策

一、实验目的

1. 学生学习并理解生产计划管理与生产资源规划管理的理论知识，并了解研发、技术管理的基本知识。

2. 通过教师点评，学生进一步掌握市场预测的理论及方法。

二、实验准备

1. 实验资料的准备——生成第二轮管理报告。教师进入【教师中心】，在【模拟比赛】→【比赛管理】中点击“下一轮”按钮，让系统处理学生的第二轮决策，生成第二轮管理报告。详见第四章的“实验提示”。教师应以学生身份从模拟大厅登陆，查看当前的比赛轮次是否正确的报告。

2. 教师授课内容的准备。（1）报告的点评。教师给每个队打印1~2份第二轮管理报告，在课堂上交给每个公司的总经理。教师事先浏览学生的报告，总结学生第二轮决策的表现和出现的一些问题。（2）课件的准备。教师应研究本模拟软件中在生产管理方面的模拟特点与规则，在课堂上指导学生。详细内容可见附录二的生产规则部分。

三、理论知识

（一）生产计划管理

生产计划的制定要依据一定的决策信息，即基础数据。在传统的生产计划决策模式中，计划决策的信息来自两个方面：一方面是需求信息；另一方面是资源信息。需求信息又来自两个方面：一个是用户订单；另一个是需求预测。通过对这两方面信息的综合，得到制定生产计划所需要的需求信息。资源信息则是指生产计划决策的约束条件。

（二）TOC（约束理论）

1. TOC 产生背景。约束理论（Theory of Constraints，TOC）是以色列物理学家戈德拉特博士（Dr. Eliyahu M. Goldratt）在他的优化生产技术（Optimized Production Technology，OPT）的基础上发展起来的。

TOC 首先是作为一种制造管理理念出现。TOC 最初被人们理解为对制造业进行管理、解决瓶颈问题的方法，后来几经改进，发展出以产销率、库存、经营成本为基础的指标体系，逐渐形成为一种面向增加产销率而不是传统的面向减少成本的管理理论和工具，并最终覆盖到企业管理的所有职能方面。

2. TOC 的概念。简单来讲，TOC 理论就是关于进行改进和如何最好地实施这些改进的一套管理理念和管理原则，可以帮助企业识别出在实现目标的过程中存在着哪些制约因素，TOC 理论称之为“约束”，并进一步指出如何实施必要的改进来一一消除这些约束，从而更有效地实现企业目标。

戈德拉特博士认为，任何系统都是有约束的。我们可以用反证法来证明这一点：如果没有约束，系统的产出将是无限的。现实当中任何系统都不能无限地产出，所以，任何系统都存在着一个或者多个约束。

以盈利为目标的企业和其他非盈利组织均可视为系统。任何系统都可以想象成由一连串的环构成，环环相扣，整个系统的强度就取决于其中最薄弱的一环。相同的道理，我们也可以将企业视为一条链条，其中的每一个部门都是链条的一环。如果企业想要达成预期的目标，必须从最弱的环节“瓶颈或约束的环节”大力改进，才可能得到显著的成效。换句话说，哪个环节约束着企业达成目标，就应该从克服这个约束环节着手来进行改革。约束具有两方面的特征，一是“约束”因素受内部和外部的约束；二是“约束”因素具有权重关系。

（1）“约束”受内部和外部的约束。一般来说，约束可以是三种类型：资源（Resources）、市场（Markets）和法规（Policies）。由于法律法规是一个国家政府所制订的具有强制性的社会约束，因此企业只能在法律的约束下，对来自资源和市场的约束环境进行改造。我们在考虑约束资源时，主要考虑资源约束和市场约束，应该意识到它既受企业外部的约束，也受企业内部的约束。

一般地说，在企业整个的业务经营流程中，任何一个环节只要它阻碍了企业更大程度地增加有效产出或减少库存和运营费用，那么它就是一个“约束”。通常也称作“瓶颈”（Bottle Neck）。通常人们认为：所谓“约束资源”，指的是实际生产能力小于或等于生产负荷的资源，而其余的资源则为非约束资源。生产能力小于市场需求的资源，不一定为约束资源，要综合考虑各方面的约束。

（2）约束因素的权重关系。TOC 的管理思想是首先抓“重中之重”，使最严重的制约因素凸显出来，从而从技术上消除了“避重就轻”等平均主义发生的可能。短期来看，是“抓大放小”，长期来看，由于有主次地一个一个地解决问题，大问题、小问题都没有忽略，而且企业整体生产水平和管理水平日益提高。

用 ABC 分类法来筛选待解决的问题，把最紧迫的、极少数的约束资源挑选出来，从而避免了管理者陷入大量的事务处理当中而不能自拔，企业有限的资源也得到了充分的利用。

3. TOC 的主要技术工具——物流分析法。企业内部存在着人员流、资金流、信息流、物流。物流是企业流程中的重要组成部分，它历经原材料采购、制作毛坯、加工半成品、组装部件、总装产品及该过程中的物料传输、存储等活动环节。企业的生产管理者可以根据这个活动链中各环节的高度相关的内在关系，制定出一个详尽而周密的生产作业计划，规定出每一种毛坯、零件、部件和产品的投入、出产时间和数量。但在实际中，常常会出现各种问题，如机器损坏、原料不足、半成品和产成品因质量问题而返工等，这些大量存在的意外的随机事件常常会打乱原本计划好的活动程序。我们如何在这些纷乱的头绪中找出干扰企业的约束瓶颈呢？解决的手段之一就是从“物流”着手。

通过对企业中“物流”的分类，我们可以根据不同“物流”的特点，认识它们各自的薄弱点，从而有针对地进行计划与控制。

一般将从原材料到成品这一“产品物流”分为：“V”、“A”和“T”三种类型。其中，“V型物流”是由一种原材料加工或转变成许多种不同的最终产品；“A型物流”是由许多种原材料加工或转变成的一种最终产品；而“T型物流”则是“A型物流”的一个变形，其最终产品有多种。

实际上，一个企业的产品物流往往不只一种类型。我们可以根据占主要地位的产品物流来相应地划分企业。如果一个企业其物流形态主要是“V型物流”，那么我们就称这个企业为“V”型企业，其余的以此类推。

(1)“V型物流”企业：典型的“V型物流”企业如炼油厂、钢铁厂等。其特点有：最终产品的种类较原材料的种类多得多；所有的最终产品，其基本的加工过程相同；企业一般是资金密集型且高度专业化的。

V型企业的工艺流程一般来说比较清楚且设计简单，物流路径清晰，通过对物流的分析，比较容易识别、控制与协调企业的瓶颈。对这类企业的约束分析主要集中在对内部流转环节进行衔接性的匹配，要消除上道工序与下道工序之间的拖延、无效返工等状况。

(2)“A型物流”企业：对于“A”型企业，如造船厂、大型机械装配厂。其特点是：由许多制成的零部件装配成相对较少数目的成品，原材料种类比零部件种类多；一些零部件对特殊的成品来说是唯一的；对某一成品来说，其零部件的加工过程往往是不相同的。

(3)“T型物流”企业：而对于“T”型企业，如制锁厂、汽车制造厂等。其特点主要包括：由一些共同的零部件装配成相对数目较多的成品；许多成品的零部件是相同的，即存在标准件和通用件；零部件的加工过程通常是不相同的。

“A型物流”企业及“T型物流”企业与“V型物流”企业的最大不同点在于，前两者的物流管理难度大。它们存在着物料清单（BOM），工艺流程较复杂，企业的在制品库存较高，生产提前期较长，约束环节不易识别，计划以及工序间的协调工作也非常困难。

要消除“A型物流”企业和“T型物流”企业的约束环节，主要工作要集中在外部供应链的优化上面。要协调好企业与外部供应商、经销商之间的关系，保证企业在满足市场多变需求的同时，均衡地安排内部的采购、生产、储存等活动。

4. TOC的主要技术工具——三步诊断法。目前，全球的许多企业陷入了地区性或者行业性的生产过剩的困境。由于在供大于求的市场状况下，众多企业出于利润驱动，迅速扩张生产规模，从而导致了市场上的过剩状态的出现。如何处理企业包括生产、存储、人员等各方面的过剩能力？一些企业采取了最直接的削减分支机构、裁员、减薪等措施，虽然短期内解决了问题，但是经济复苏时，企业却忙于招聘新人，往往难以招聘到合适的员工，而且为新员工的培训支付相当大笔的费用。另外，由于部门的削减，也使企业丧失了在一些新的有潜力的领域中的领先地位。

简单的收缩策略、成本削减策略不但没有增强企业自身在市场上的竞争地位，而实际上恰恰放弃了这种优势。

那么，当企业面对剩余的生产能力时该怎么办呢？答案是要把市场看成约束因素，努力去扩展有效的市场需求。可以利用 TOC 理论，着眼于企业整体功能和长远战略，通过三步诊断过程来消除市场约束因素。

（1）明确以市场为导向的观念。当我们在仓库里面对堆积如山的商品，需要解决产品产销矛盾时，仅仅想到用减少生产的方式去减少库存是不够的。应该积极采取措施，通过生产市场需要的产品，去扩大市场的需求。企业应该树立这样的观念：如果我们的企业存在生产能力过剩的现象，那么市场就是约束因素。顾客是我们利益实现系统中不可缺少的重要环节，事实上也是最重要的环节，因为它最终决定产品是否能够转化为利润。所以，企业的生产应该坚决以市场为导向。

（2）改善内部环节。市场是影响企业效益的重要约束因素，要想充分地利用它，把企业的产品和服务带进市场，从而创造最大企业利润，就必须改善企业内部的各个环节，包括企业的文化氛围。要使员工意识到企业是一个由许多相互制约的子系统组成的有机体，必须追求企业的整体优化，而不是单个环节、或者单个部门的局部优化。因此，需要企业内部各个方面的相互合作、相互协调，才能有效地利用约束因素。

（3）改善外部环境。改善约束因素，例如市场是约束因素，我们就能有多种途径改善它。最明显的办法莫过于更有效的广告宣传，或者简单地进行更多的广告宣传。更好的方法是细分市场，寻找合适的顾客群体，使企业的产品恰好能满足该消费群体的需要。事实上，这才是有效利用市场的核心部分。

这三步诊断法是一个循环往复的过程。通过不断改进，才能实现企业的利润和运作水平的进一步提高。

通过采用削减成本以实现利润最大化的方法往往导致失败，或者只是能够获得短期利润。事实上，削减成本的方法通常会削弱企业在市场上的竞争力，而它为企业带来的效益却是非常有限的。事实上，我们可以根据约束理论所提供的三步运作程序不断改善企业的各个环节，这样我们就能实现均衡的、长远的利润最大化。

5. TOC 软件。信息技术很快被应用来支持 TOC 理论。由 Creative Output 有限公司首先开发了 TOC 软件。TOC 软件产品能够生成详细的生产作业计划、交货期的执行情况、资源的利用情况、采购计划、库存报告、有关有效产出和库存的财务报告等。实践表明，TOC 软件的应用使许多企业都取得了巨大的经济效益，因而 TOC 也越来越被人们所重视。

TOC 软件主要是建立制造流程的仿真模型、采用各种算法找出流程上的约束环节，制订最优的生产计划。目前，最流行的 TOC 软件有 OPT21 和 OPT5000，其中，OPT21 主要是针对大中型企业的，而 OPT5000 则是面向小型企业的。

在应用 TOC 软件的实践中，人们总结出如下经验：TOC 软件的应用适合于一些零件种数较少、批量大的产品，而在单件生产车间中发挥的效果不佳。

（1）做好数据的搜集工作。TOC 软件的具体运行需要大量的数据支持，例如物料清单（BOM）、加工工艺文件以及精确的加工时间、调整准备时间、最小批量、最大库存、替代设备等数据。TOC 软件对于约束资源和近似于约束资源的数据要求精确。因此，源头数据失真会影响到 TOC 软件的功能的发挥。

(2) 员工培训。应用 TOC 软件还需对员工进行培训，使他们能在不同的生产岗位上及时发现问题、跟踪问题，最终用 TOC 的原理和方法来解决问题。

(3) 制订新的考核计划。应用 TOC 软件时力求从全局的观点来进行考核，从原材料的采购一直追踪到产品销售。其考核体系对“约束资源”与“非约束资源”是分别对待的，认为对“非约束资源”的考核不应以生产量为依据，而应以它生产的有效的产品量来考核。

传统的成本会计考核体系一般看重设备和操作工人的利用率及生产成本，而忽视整个系统的有效性，它着重于局部的优化，这必然助长了人们盲目生产的做法，其结果是无论对瓶颈资源还是对非瓶颈资源都力求充分地使用。各环节为了完成工时和设备利用率会盲目生产，最终必然导致高库存和浪费。

针对这些情况，应该建立新的考核机制以保证 TOC 软件的实施效果。

本模拟系统中对于生产制造活动环节，外部制约因素是市场的需求，营销部门的活动可改变这些制约因素；内部制约因素是生产能力，其中包括原材料供应的制约、生产线加工能力的制约、非技术工人（操作生产线的工人）人力资源的制约、技术工人（成品组装）人力资源的制约。虚拟企业只有解决好这些方面的问题，才能突破生产方面的瓶颈，为市场提供充足的产品供应。

四、实验操作

本章实验流程见图 6－1。

1. 学生查看第一轮报告并讨论。学生使用自己的用户名和密码进入模拟大厅，选择自己的角色进入决策界面。这时，在【内部信息】中就可以查看第二轮的报告。在【背景公告】的【经济形势】中，可看到当前的经济环境状况、汇率情况（见图 6－2）。

学生首先在自己公司内部讨论分析第二轮决策中的市场预测是否成功。对比各产品各市场的新订单数量与上节课预测的市场需求预测是否吻合。如果相差过大（超过 10%），应讨论并试图找到市场需求预测不准确的原因。

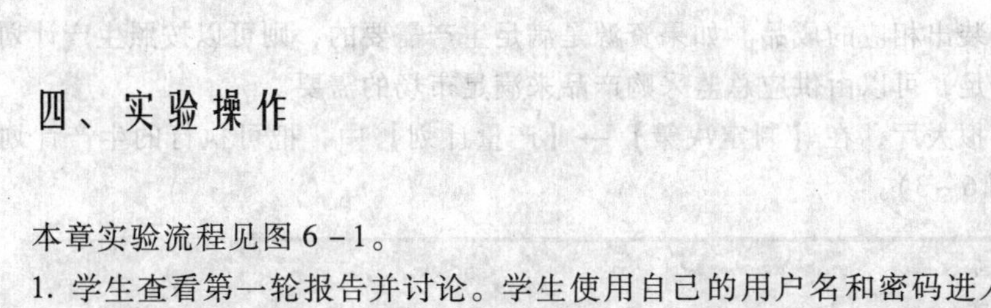

图 6－2　查看新订单数量

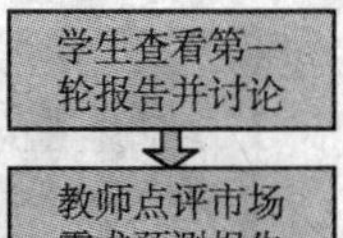

图 6－1

2. 教师点评学生的市场需求预测情况。教师可以选择部分学生代表所在队发言，阐述所在队进行市场预测的过程及得到的结论，以及实际结果是否符合决策时预测。如果不符合报告的新订单数量，应当分析市场预测准确度不够的原因。

学生发言后教师给予点评，就学生在市场预测报告中反映的问题给予指正，并总结学生管理报告的整体市场预测情况，指出学生在思路及预测方法中存在的不足或失误。

3. 教师讲授生产管理的理论、方法。教师讲授有关生产计划管理和生产资源规划的相关知识，并根据本节的实验提示，结合模拟系统的特点，讲解如何在比赛中制定下一轮的生产计划、进行生产安排、做出长期的生产资源规划。

4. 学生做第三轮的市场预测。学生以各队的市场总监为主，共同分析预测下季度的市场需求。记录每种产品、每个市场在下个季度的订货量，作为决策参考，并保留到下节实验课再次对比市场预测与实际结果是否符合，再次检验市场预测的准确程度。

5. 学生做生产计划。生产总监主要负责此项工作。根据产品的供应计划，计算应生产量。计算公式如下：

产品 A 应生产量 = 产品 A 向市场供应总量 - 产品 A 库存量

产品 B、产品 C 的计算与产品 A 类似。

生产总监还要考虑企业目前的生产资源是否能够满足生产的要求。先计算最大的生产量，即如果按计划的产量生产，有没有足够的机器和非技术工人加工出足够的零部件，有没有足够的技术工人组装出相应的成品。如果资源是满足生产需要的，则可以按照生产计划执行。如果生产资源不足，可以由供应总监采购产品来满足市场的需要。

生产总监进入模拟大厅，在【制定决策】→【产量计划】中，把可执行的生产计划填写在决策单中（见图 6-3）。

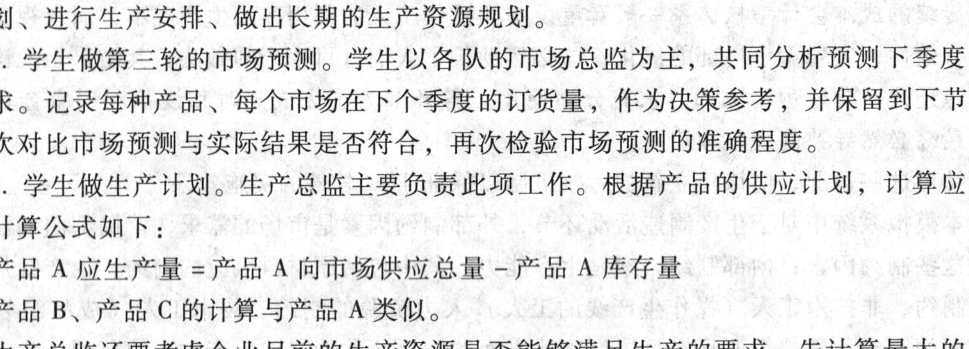

图 6-3 生产产量决策

6. 生产管理费决策。生产管理费决定着工厂的生产管理水平，每班次的生产管理费是固定的。

在产品生产过程中会产生不合格产品，被作为废品处理掉。工厂管理水平越高（生产管理费投入越多），产生的废品数就越少，但不会完全消失。生产管理费最低每季度投入 10 万元，最高每季度投入 20 万元。

决策中的产量是生产数量，但由于存在废品，因此实际的成品数要少于产量，其关系为：某产品生产的成品数 = 实际生产量 - 废品数

生产总监进入模拟大厅，在【制定决策】→【产量计划】中，填写“每班生产管理

费”的决策（见图6－4）。

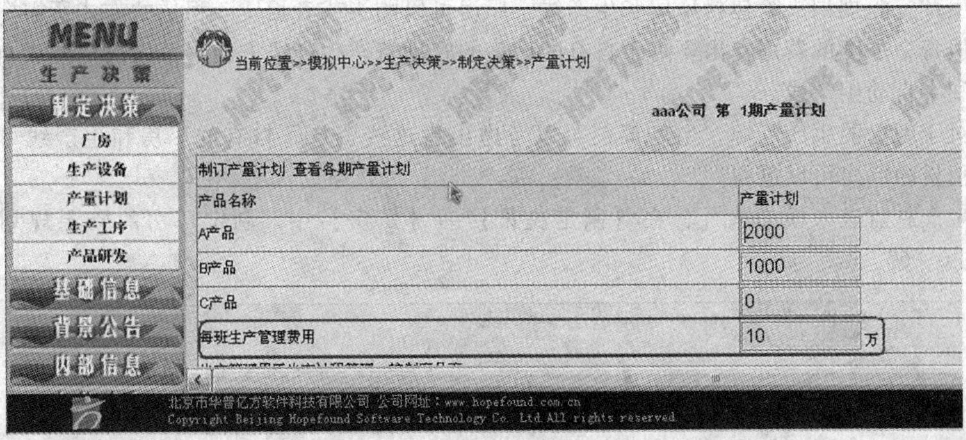

图6－4 生产管理费决策

7. 学生做生产安排决策。生产部门必须考虑生产的安排，才能保证产品能够生产出来。生产安排包括机器加工班次的选择和组装工人（技术工人）加班的选择。

非技术工人可以采用轮班制，即如果非技术工人和机器只轮一班而加工能力不够的话，可以把班次提高到两班。班次从一班增加到两班，机加工能力可以提升近乎两倍。一班及两班的最长工作时间详见附录二。

技术工人同样需要进行生产安排。技术工人除了在日常时间（周一到周五）工作外，还可以安排在周六和周日加班，使得组装工作能力得以提高。正常班和加班的最大工作时间详见附录二。

生产总监进入模拟大厅，在【制定决策】→【生产工序】中，填写生产安排的决策（见图6－5）。

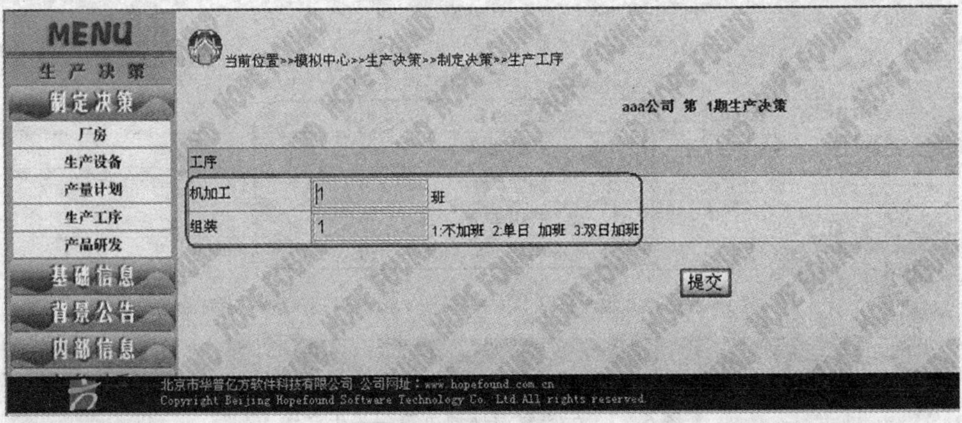

图6－5 生产安排决策

8. 学生做生产资源规划。生产资源规划是一项长期决策。生产资源一般来说不是决策当期就能获得的，因此需要事先做好规划。新购买的生产线和厂房都要经过一个季度（即比赛的一个轮次）才能供生产使用。因此，生产部门必须事先做好生产资源的补充计划。

生产是为销售提供足够的产品，满足市场的需要，因此生产资源的规划必须与销售的规划和预测相结合。

生产资源规划决策包括厂房和生产线。厂房可以购买或者租赁。租赁的方式所需资金较少，但每个季度的费用支出要高于自有的厂房的管理费。生产线方面，可以决定购买自动生产线和半自动生产线。

对于闲置的生产资源，生产部门可以考虑出售这些资产。自有的厂房和生产线可以出售，租赁的厂房可以退租。

生产总监进入模拟大厅，在【制定决策】→【厂房】中，制定厂房的资源规划决策（见图6－6）。

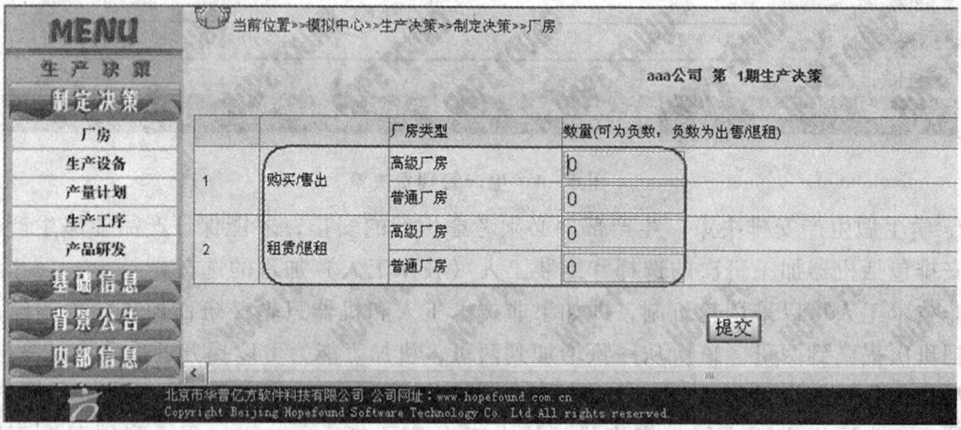

图6－6　生产资源规划决策——厂房

生产总监进入模拟大厅，在【制定决策】→【生产设备】中，制定生产设备（生产线）的资源规划决策（见图6－7）。

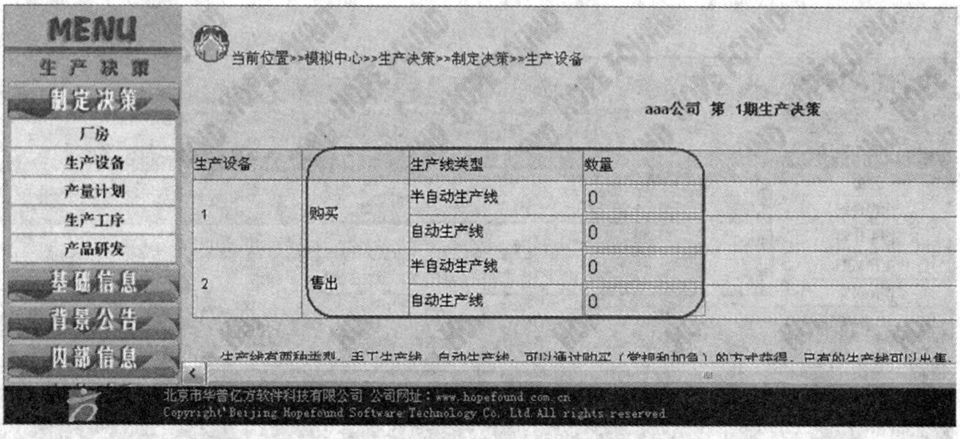

图6－7　生产资源规划决策——生产线

9. 学生做研发决策。本系统企业的研发目的是不断地让产品进行更新换代，以保持在市场中的竞争力。有足够的研发人员，同时投入足够的研发经费，经过一个周期（一个季度），产品的性能、工艺等方面就能得到提升，从而使产品的等级提升到更高的层次。高等级产品的市场销售相对低等级的产品将占有一定的优势。

生产总监除了分管生产也负责研发管理。在评价研发工作的可行性后，即可进入【制定决策】→【产品研发】中，填写研发费用的决策（见图6－8）。

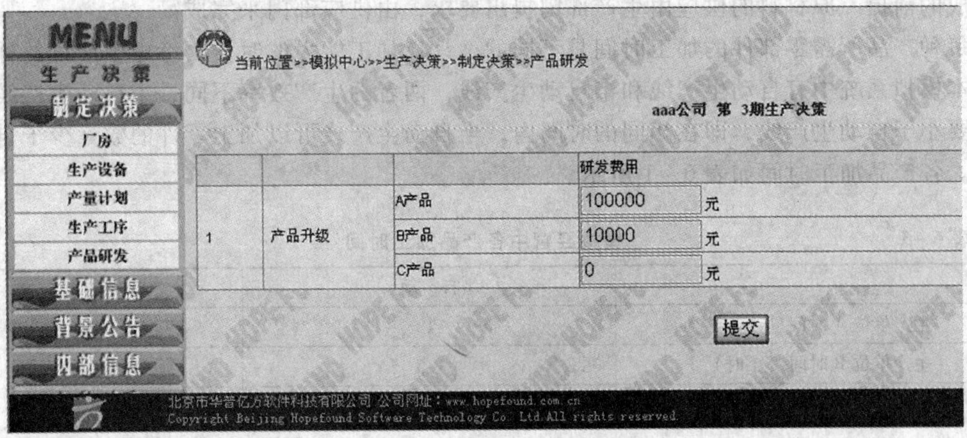

图6－8　研发决策

10. 学生做第三次决策并提交。生产部分的决策完成后，其他部门的负责人各自完成其决策。提交给总经理审查、由总经理认定后提交至系统。

五、实验评价

1. 学生掌握生产管理的要点。每个队由总经理组织撰写生产报告。报告中要写明以下几点：(1) 目前生产资源的状况，包括厂房、生产线以及相应的人力资源情况。(2) 目前生产资源如果分别生产三种产品，最大的产量是多少。(3) 制定的下一轮比赛的生产计划——产量和生产安排。(4) 生产资源规划及进行该规划的原因。

教师可根据学生撰写生产管理报告的认真程度、生产能力计算的准确度、生产计划的可行性、生产资源规划的合理性给各队打分。

2. 学生完成第三轮决策。学生按照分工完成各部门的决策，最后由总经理提交决策成功，即完成第三次决策的制定和提交。

六、实验提示

1. 第二轮管理报告的点评。教师根据学生的市场预测报告和第二轮管理报告进行点评。

针对学生的市场预测报告，教师应看学生是否掌握了市场预测的基本知识和方法，包括市场受哪些因素的影响，这些影响因素如何划分，不同因素如何影响市场，以及采取的市场预测方法是否合理。

如果学生实际新订单数量与自己的预测误差在10%以下，可认为是基本掌握了市场预测的知识和方法，误差在5%以下可认为是完成比较好的。

2. 本模拟软件生产计划应考虑的要素。在初步制定一个生产计划后，要通过计算看目前的最大产能能否满足计划要求。

加工工序是在生产线上进行的，把原材料加工成零部件。原材料是否充足是加工工作能否完成的前提。原材料的供应由生产部门提出要求，由供应部门来完成。

每种产品所需零部件的加工时间是不同的。计算加工能力的时候要考虑生产线的种类区别。本模拟系统中有自动生产线和半自动生产线，两者的生产效率不同，半自动生产线生产效率要小于自动生产线，即在相同的时间内，半自动生产线可以加工零件的数量少于自动生产线。各产品加工时间如表 6－1 所示。

表 6－1　　模拟经营中各产品加工时间

	自　动	半自动
生产单位 A 时间（小时）	1	2
生产单位 B 时间（小时）	1.5	3
生产单位 C 时间（小时）	2.5	5

生产线在运行过程中可能会出现故障，这时需要中断生产进行维修，因此实际可用加工时间随故障时间的增多而减少，在计算产能时必须考虑故障时间的影响。

机加工由非技术工人操作生产线完成，每条生产线需要配备一定的非技术工人，没有配足工人数的生产线不能投入使用，这部分工作需要生产部门通知人力资源部门去完成。

组装工序是由技术工人将其零部件组装完成，技术工人的组装能力将决定着最后完成成品的数量。技术工人有一般技术工人和高级技术工人之分，两者的区别在于生产技能和熟练程度不同，即两类技术工人组装同样一个产品所耗费的时间是不同的（见表 6－2）。

表 6－2　　模拟经营中两类技术工人组装单位产品所耗费的时间　　单位：小时

产　品	一般技术工人	高级技术工人
A	8	4
B	10	5
C	14	7

总的来说，产量要受到生产能力的制约，因此参赛者决策的生产计划能不能实现就看产能是否满足要求。即只有生产线的加工能力、组装工人的组装劳动能力、原材料的供应都充足时，决策的产量才能实现，否则系统会自动将原决策进行修改。

3. 本模拟软件生产安排应考虑的要素。生产部门需要计算并制定合理的生产安排，既能满足生产计划，又不能浪费生产资源。

在加工工序中，生产线运行可以采用轮班的方式，每季度每条生产线的最长运行时间单班为 520 小时，双班为 936 小时。即双班的加工产能几乎是单班的两倍，因此，在生产线有限的情况下，通过增加班次可以扩大加工能力。当然，双班的生产成本会有一定的增加，这点需要加以考虑。

对于组装工序，是安排技术工人的工作时间。技术工人可以只上平时班（周一到周五），也可以安排他们周末加一天班或加两天班。平时班的正常工作时间每季度为 520 小时，周末单日加班一个季度将增加 104 小时的工作时间，双日都加班将增加 208 小时。

生产必须进行安排，否则系统会按正常班工作处理，有可能使生产计划失败。

4. 本模拟软件生产资源规划应考虑的要素。生产资源首先要考虑厂房。生产线因为有生产环境的需要，必须放在厂房中使用。模拟系统设置了两类厂房：高级厂房和普通厂房，分别可放置自动生产线和半自动生产线。每个厂房均可容纳6条生产线（见表6－3）。购买新厂房需要一个周期，即如果下季度新购买或租赁的厂房，下下个季度才能够投入使用。购买厂房需要大量的资金，这需要财务部门提供资金预算，判断购买的可能性。出售厂房是马上实现的，但要注意出售厂房不能让原有的生产线无处放置。厂房也可以租赁，不需要大量的资金，只需每个季度支付一定的租赁费。租赁的厂房可以随时退租，当然还要考虑生产线的放置问题。

表6－3　　模拟经营中厂房相关参数

	高级厂房	普通厂房
价值（万元）	1000	700
容纳生产线（条）	6	6
使用费（每季度）（万元）	15	10
租赁费（每季度）（万元）	30	20

其次要考虑生产线。可以购买新的生产线，同样，购买的新生产线要在购买决策的下个季度才能投入使用。购买生产线需要考虑是否有厂房可以放置，也要考虑资金的问题，这一点要依靠财务部门的资金预测。购买自动生产线是每条100万元，半自动生产线是每条40万元。生产线可以在季度初按照折旧后的价值（每季度折旧费为生产线原值的2.5%）售出。

技术工人在一定程度上也可以看做是一种生产资源，当然这个资源的管理归属于人力资源部门。但是，技术工人的人力资源需求计划是由生产部门根据生产规划提出的。

5. 本模拟软件研发管理应考虑的要素。三种产品各有5个等级。竞赛初期设定已生产的产品为一级，没有开始生产的产品为零级（必须先经过研发提升到一级才能生产）。产品的等级提升要投入相应的研发费用以及一定数量的研发人员，即满足资金、研究人员数量的要求，才可以经过一个季度的研发获得产品等级的提升。而且产品等级必须逐级提高（见表6－4）。

表6－4　　模拟经营中产品等级提升所需资金及人员投入

	等级1	等级2	等级3	等级4	等级5
产品A（研究人员数）	3万元	5万元	8万元	12万元	17万元
	2人	3人	4人	5人	6人
产品B（研究人员数）	4万元	7万元	11万元	16万元	22万元
	2人	3人	4人	5人	6人
产品C（研究人员数）	6万元	9万元	13万元	18万元	24万元
	2人	3人	4人	5人	6人

第七章

供应管理及第四次决策

一、实验目的

1. 学生理解供应管理、库存管理等与生产企业物流、供应系统相关的管理理论知识。
2. 通过教师对生产管理报告的点评，加深学生对生产管理要点的理解。

二、实验准备

1. 实验资料的准备——生成第三轮管理报告。教师进入【教师中心】，在【模拟比赛】→【比赛管理】中点击“下一轮”按钮，让系统处理学生的第三轮决策，生成第三轮管理报告。详见第四章的实验提示。

教师应以学生身份从模拟大厅登陆，查看当前的比赛轮次是否正确。

2. 教师授课内容的准备：（1）报告的点评。教师给每个队打印一份第三轮管理报告，在课堂上交给每个公司的总经理。教师事先浏览学生的报告，总结学生第三轮决策的表现。（2）课件的准备。教师应准备讲授供应管理的课件，并研究本模拟软件在供应管理方面的模拟要点与规则，在课堂上指导学生。详细内容可参考附录二的生产规则部分。

三、理论知识

（一）采购管理

采购管理是企业为了完成生产或销售计划，从合适的供应商那里，在确保合适的品质下，于合适的时间，以合适的价格，购入合适数量的商品所采取的管理活动，即“5R”管理：合适的供应商（Right Vendor）、合适的品质（Right Quality）、合适的时间（Right Time）、合适的价格（Right Price）、合适的数量（Right Quantity）。采购管理是研究在取得商品的过程中，统筹事前的规划、事中的执行以及事后的控制，以达到维持正常的企业经营活动，降低产销成本的目的。

采购管理是计划下达、采购单生成、采购单执行、到货接收、检验入库、采购发票的收集到采购结算的全过程，对采购过程中物流运动的各个环节状态进行严密的跟踪、监督，实现对企业采购活动执行过程的科学管理。采购管理包括采购计划、订单管理及发票校验三个组件。采购计划管理对企业的采购计划进行制定和管理，为企业提供及时准确的采购计划和执行路线。采购计划包括定期采购计划（如周、月度、季度、年度）、非定期采购任务计划（如系统根据销售和生产需求产生的）。通过对多对象、多元素的采购计划的编制、分解，将企业的采购需求变为直接的采购任务。

（二）库存管理

“库存”，在英语里面有两种表达方式：Inventory 和 Stock，它表示用于将来目的的资源暂时处于闲置状态。一般情况下，人们设置库存的目的是防止短缺，就像水库里储存的水一样。另外，它还具有保持生产过程连续性、分摊订货费用、快速满足用户订货需求的作用。

库存控制要解决三个主要问题：（1）确定库存检查周期；（2）确定订货量；（3）确定订货点（何时订货）。

1.（Q，R）策略。该策略的基本思想是：对库存进行连续性检查，当库存降低到订货点水平 R 时，即发出一个订货，每次的订货量保持不变，都为固定值 Q。该策略适用于需求量大、缺货费用较高、需求波动性很大的情形。

2.（R，S）策略。该策略和（Q，R）策略一样，都是连续性检查类型的策略，也就是要随时检查库存状态，当发现库存降低到订货点水平 R 时，开始订货，订货后使最大库存保持不变，即为常量 S，若发出订单时库存量为 I，则其订货量即为（S - I）。该策略和（Q，R）策略的不同之处在于其订货量是按实际库存而定，因而订货量是可变的。

3.（t，S）策略。该策略是每隔一定时期检查一次库存，并发出一次订货，把现有库存补充到最大库存水平 S，如果检查时库存量为 I，则订货量为 S - I。经过固定的检查期 t，发出订货，这时，库存量为 I_1，订货量为（$S - I_1$）。经过一定的时间（LT），库存补充（$S - I_1$），库存到达 A 点。再经过一个固定的检查时期 t，又发出一次订货，订货量为（$S - I_2$），经过一定的时间（LT - 订货提前期，可以为随机变量），库存又达到新的高度 B。如此周期性检查库存，不断补给。

该策略不设订货点，只设固定检查周期和最大库存量。该策略适用于一些不很重要的、或使用量不大的物资。

4.（t，R，S）策略。该策略是策略（t，S）和策略（R，S）的综合。这种补给策略有一个固定的检查周期 t、最大库存量 S、固定订货点水平 R。当经过一定的检查周期 t 后，若库存低于订货点，则发出订货，否则，不订货。订货量的大小等于最大库存量减去检查时的库存量。当经过固定的检查时期到达 A 点时，此时库存已降低到订货点水平线 R 之下，因而应发出一次订货，订货量等于最大库存量 S 与当时的库存量 I_1 的差（$S - I_1$）。经过一定的订货提前期后在 B 点订货到达，库存补充到 C 点，在第二个检查期到来时，此时库存位置在 D，比订货点水平位置线高，无须订货。第三个检查期到来时，库存点在 E，等于订货点，又发出一次订货，订货量为（$S-I_3$），如此周期进行下去，实现周期性库存补给。

四、实验操作

本章实验流程见图 7－1。

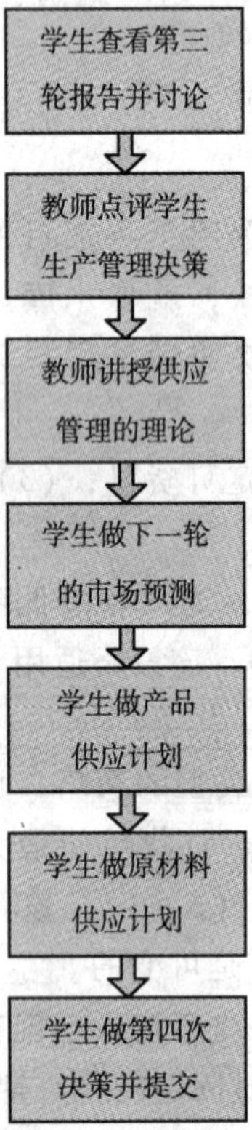

图 7－1

1. 学生查看第三轮报告并讨论。学生使用自己的用户名和密码进入模拟大厅，选择自己的角色进入决策界面。这时，在【内部信息】中就可以查看第二轮的报告，在【背景公告】的【经济形势】中，可看到当前的经济环境状况、汇率情况。

学生进入【内部信息】，查看【生产报告】，见图 7－2 至图 7－5。学生需要查看的信息包括：

（1）生产的计划产量和实际产量。

（2）生产管理费、废品数量。

（3）生产班次、生产线运行时间。

（4）两种生产线的维护时间、故障时间。

（5）厂房买卖、租售，生产线的买卖情况。

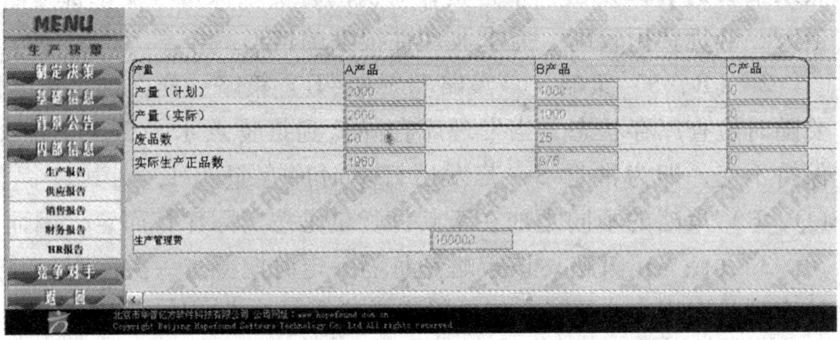

图 7－2 查看实际生产数量

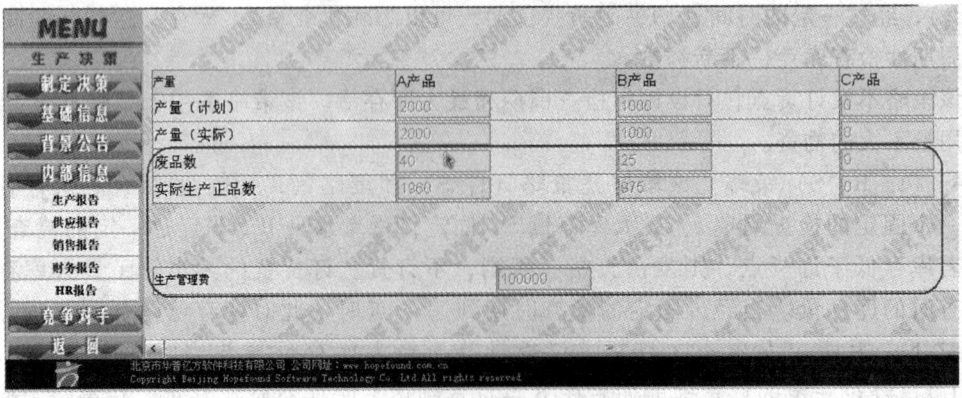

图 7－3 查看管理费和废品数

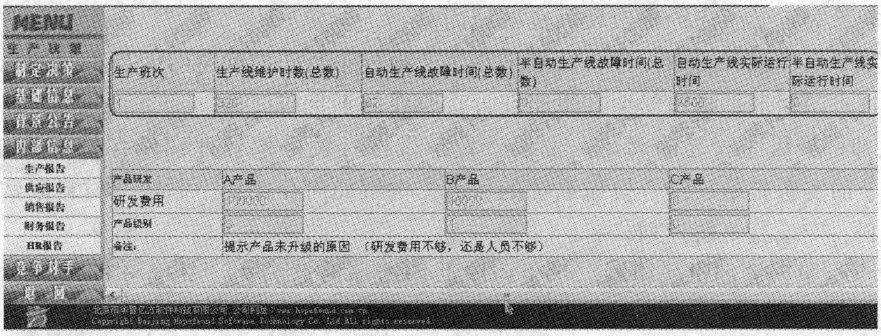

图 7－4　查看班次和生产线运行时间、故障时间

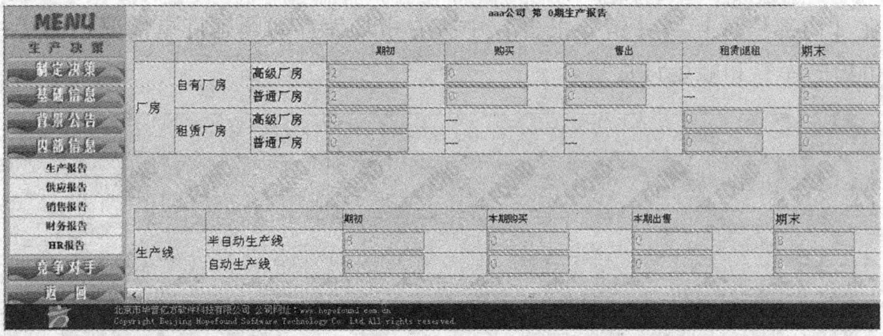

图 7－5　查看厂房、生产线规划的实际结果

学生在公司内部讨论市场预测情况，如果市场预测仍有较大偏差，需要找出原因并加以解决。

学生在公司内部分析第三轮决策中的生产管理是否成功。对比各产品的计划产量是否全部生产出来。如果没有达到预期目的，应讨论并找到生产计划管理出现的问题。学生还要分析制定的生产资源规划是否完成，如果没有达到预期的目标，应分析原因。

查看生产完成情况后，学生再查看研发的完成情况，即产品的等级有没有按照上次的决策计划得到提升（见图 7－6）。

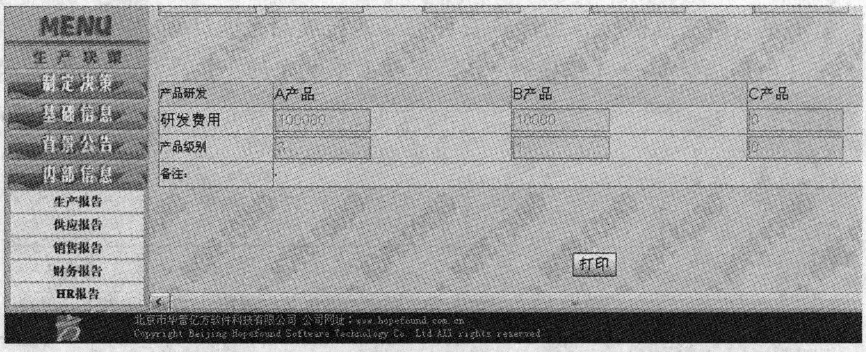

图 7－6　研发完成情况

2. 教师点评学生的生产管理情况。教师可以选择部分学生代表发言，阐述所在公司制定生产计划的过程、遇到的问题和解决的办法，以及实际结果是否符合决策时的计划。计划

和结果不相符时，学生应分析出现问题的原因。

教师对学生的报告给予点评，就学生在生产报告中反映的问题给予指正，并总结学生第三轮生产报告的情况，指出学生在思路及方法存在的不足或失误。

3. 教师讲授供应管理的理论、方法。教师讲授有关采购管理和库存管理等相关知识，并根据本节的实验提示，结合模拟系统的特点，讲解如何在比赛中制定原材料采购计划、市场供应计划、产成品采购计划。

4. 学生做第四轮的市场预测。学生以各队的市场总监为主，共同分析预测下季度的市场需求。记录每种产品、每个市场在下个季度的订货量，记录下来作为决策参考，并将市场预测结果交给供应部门。

5. 学生做产品供应计划。供应总监主要负责此项工作。

首先在【内部信息】→【销售报告】中查看市场库存和顺延订单情况，图 7 - 7 是产品 A 在六个市场的库存和顺延订货量。

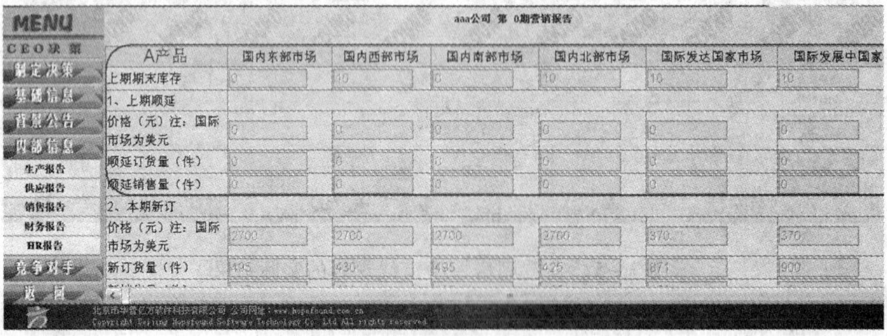

图 7 - 7　市场库存及顺延订货量

根据市场总监提供的市场需求，计算各产品在各市场的供货量。计算公式为：

市场应供货量 = 市场需求预测量 + 市场顺延订货量 - 市场库存

供应总监将计算完成的三个产品在各市场的应供货量交给生产总监，生产总监据此制定生产计划和生产安排，并将可能的生产量记录下来交给供应总监。如果生产总监通过计算认为无法满足市场供应的需要，应通知供应总监。

如果产量不足，供应总监应分别计算三种产品的产成品采购计划。

首先进入【内部信息】→【供应报告】，查看上季度末的工厂库存（见图 7 - 8）。

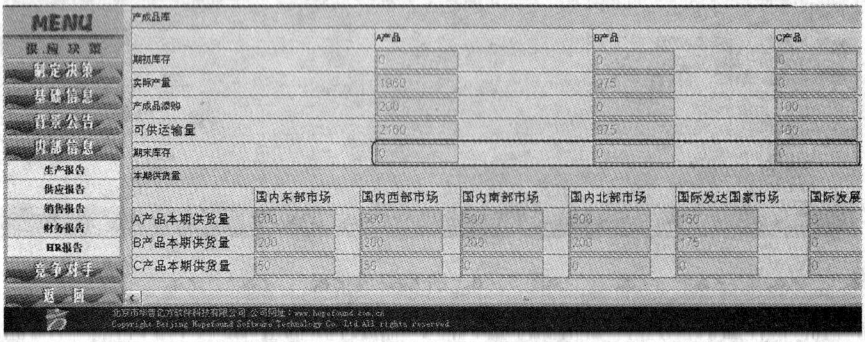

图 7 - 8　供应报告——产品库存

计算公式为：

成品采购量 = 市场应供货总量 - 工厂库存 - 下期生产成品数量

根据计算结果，供应总监进入【制定决策】界面，填写【产成品供应】决策（见图 7 - 9）。

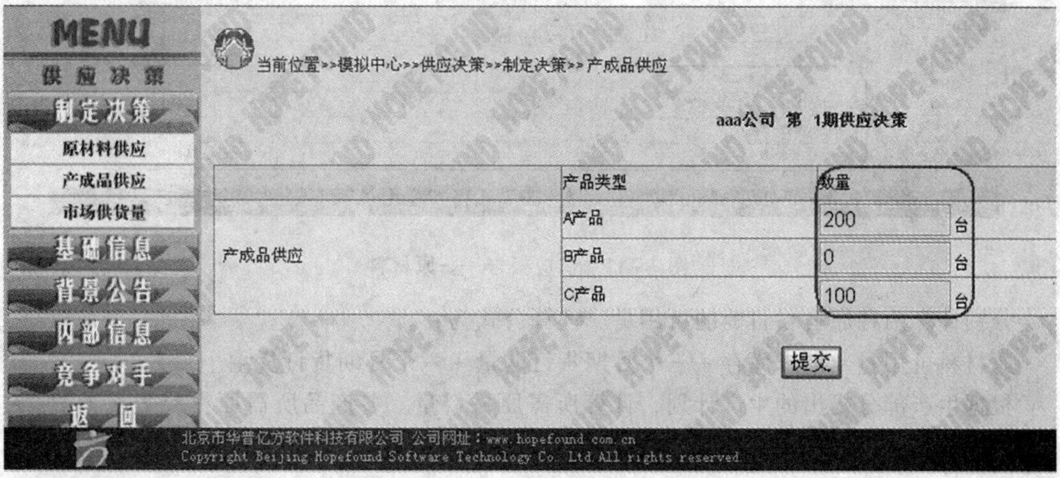

图 7 - 9　成品采购决策

再把市场供应决策填写在【市场供应量】中（见图 7 - 10）。

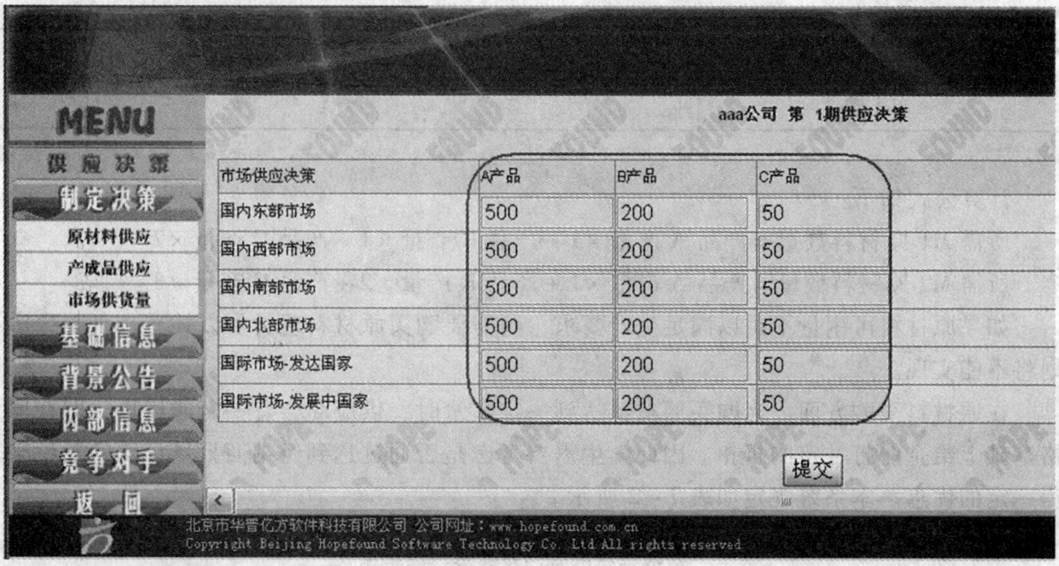

图 7 - 10　市场供应决策

6. 学生做原材料供应计划。原材料供应计划包括现货和期货的供应计划。

（1）现货。学生首先查看上季度末原材料的库存和期货到货情况，进入【内部信息】→【供应报告】（见图 7 - 11）。

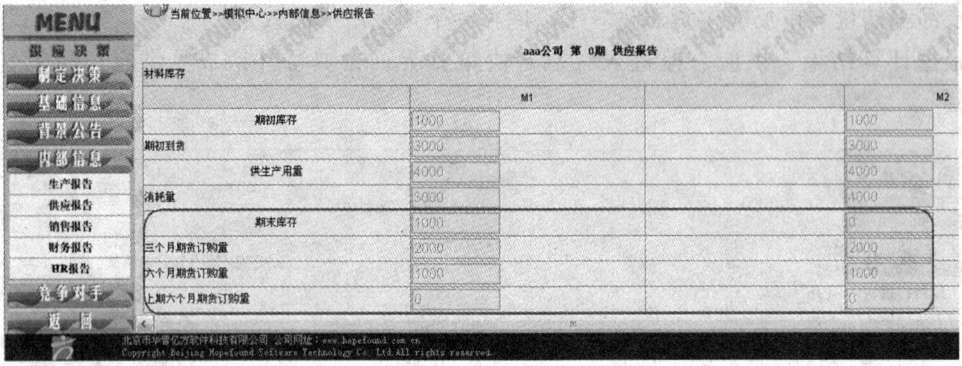

图 7－11　供应报告——原材料

分别计算两种原材料目前的可用量。计算公式为：

原材料可用量＝期末库存＋三个月期货订购量＋六个月期货订货量

根据生产部分提出的生产计划，计算所需原材料量。各产品所需原材料数量如表 7－1 所示。

表 7－1　　模拟经营中各产品所需原材料

单位产品组成	M1	M2
产品 A	1	1
产品 B	1	2
产品 C	2	3

计算公式如下：

所需 M1 原材料数量＝产品 A 产量×1＋产品 B 产量×1＋产品 C 产量×2

所需 M2 原材料数量＝产品 A 产量×1＋产品 B 产量×2＋产品 C 产量×3

如果原材料可用量不足以满足生产要求，则需要购买原材料现货加以补充，否则生产计划将不能实现。

在原材料采购方面，当购买原材料达到一定数量时，供应商会有一定的优惠，即在原价格基础上给企业打一定的折扣。因此学生需要考虑是否通过达到经销商批量订购的条件来获得一定的优惠。本系统规定如表 7－2 所示。

表 7－2　　模拟经营中原材料批量订购折扣

M1 订购量（套）	M2 订购量（套）	价格（原价的百分比）
<1000	<1500	100%
1000～3000	1500～4500	98%
>3000	>4500	95%

原材料供应决策考虑成熟后，供应总监进入【制定决策】→【原材料供应】，填写决策（见图 7－12）。

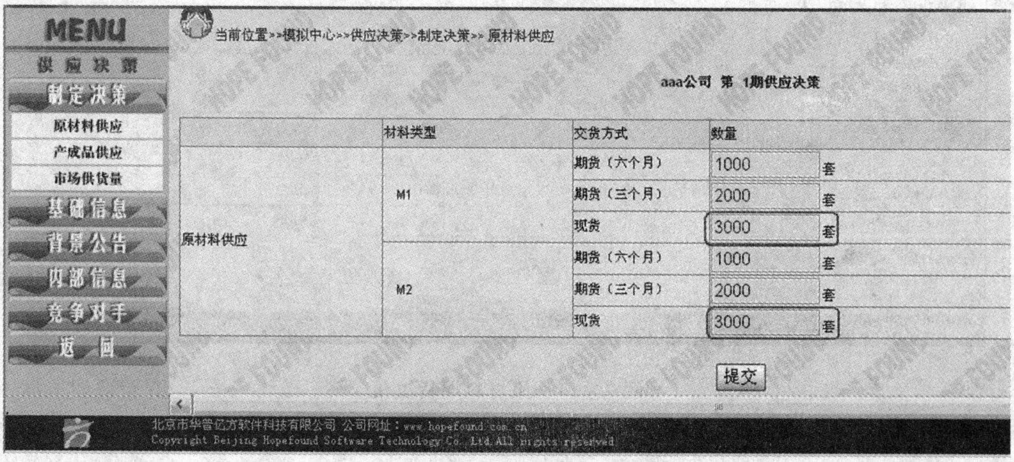

图 7－12　原材料现货供应决策

（2）期货。两种原材料（M1、M2）都可以购买现货、三个月期货和六个月期货。下季度做的期货购买决策，三个月期货下季度到货，六个月期货下下季度到货。

期货是原材料的长期规划决策。购买期货的目的主要有两个：一是降低原材料现货涨价的风险；二是如果现货期货差价大的话，可以从中获得利润。

需要注意的是：期货如果购买过多，到货的季度使用不完的话，就将储存在原材料的仓库中，增加了仓储费。因此学生需要查看即将到货的原材料期货（上季度购买的六个月期货），再预测三个月后、六个月后生产可能消耗的原材料用量，计算得到最多应购买的期货数量（见图 7－13）。

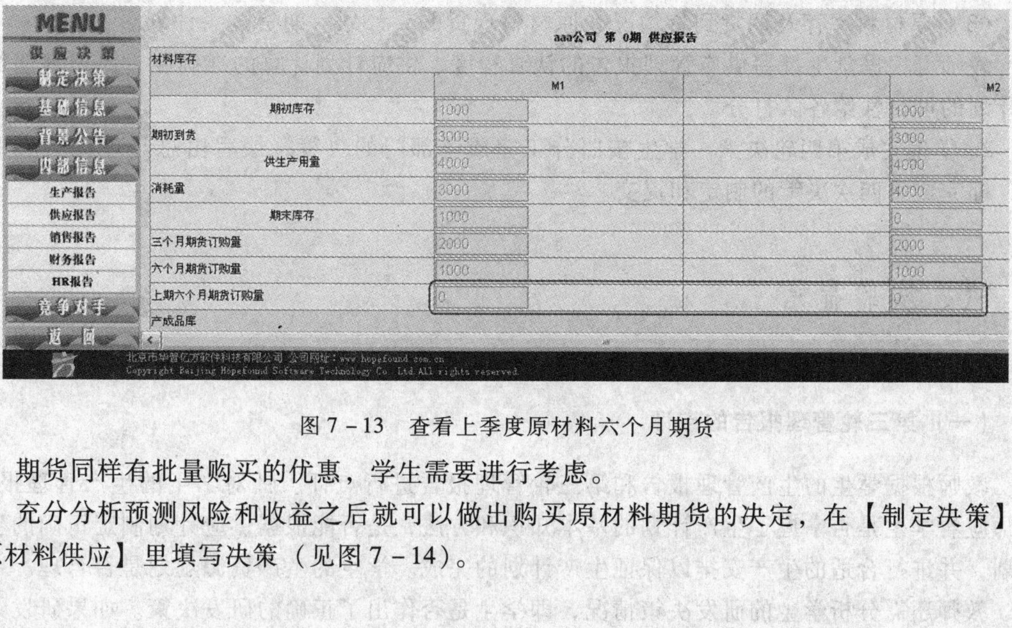

图 7－13　查看上季度原材料六个月期货

期货同样有批量购买的优惠，学生需要进行考虑。

充分分析预测风险和收益之后就可以做出购买原材料期货的决定，在【制定决策】→【原材料供应】里填写决策（见图 7－14）。

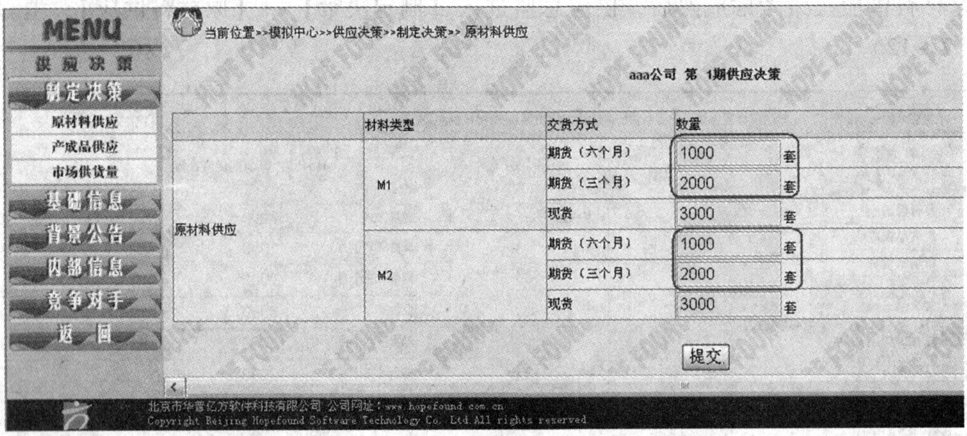

图 7－14　原材料期货决策

7. 学生做第四次决策并提交。供应部分的决策完成后，其他部门的负责人各自完成其他决策。提交给总经理审查，决策由总经理认定后提交至系统。

五、实验评价

1. 学生对供应管理的掌握。每个队由总经理组织撰写供应管理报告。报告中要写明以下几点：

（1）下期营销部门的市场需求预测、生产部门的生产计划、工厂及各产品、各市场上季度末的库存情况，各市场的顺延订单情况。

（2）供应部门制定的各市场的供应计划、产成品购买计划。

（3）原材料库存及期货到货情况、原材料现货购买计划、期货购买计划。

教师可根据学生撰写供应管理报告的认真程度、供应计划计算的准确度、原材料期货购买计划的可行性给各队打分。

2. 学生完成第四轮决策。学生按照分工完成各部门的决策，最后由总经理提交决策成功，即完成第四次决策的制定和提交。

六、实验提示

（一）第三轮管理报告的点评

教师根据学生的生产管理报告和第三轮管理报告进行点评。针对学生的生产管理报告，教师应看学生是否掌握了生产计划的基本知识和方法，是否能根据供应计划制定正确的生产计划，并进行合适的生产安排以保证生产计划的完成。学生的生产资源规划是否合理。

教师还需分析学生的研发决策情况，即学生是否作出了正确的研发决策。如果研发人员或研发经费投入不足，则可能出现研发经费投入后产品等级仍未提高的情况。

（二）本模拟软件产成品供应应考虑的要素

1. 供应与生产的配合。生产部门不仅要考虑生产能力，还要考虑生产成本。虽然增加生产能力可以考虑增加加工班次、技术工人加班，但同时也带来了成本的上升。由于产成品可以通过外加工采购获得，因此，学生需要计算是增加产量还是外部采购的成本更低。外部加工采购的产成品的价格如表 7－3 所示。

表 7－3　　模拟经营中各产品采购价

	产品 1	产品 2	产品 3
采购价格（元）	1500	2200	3600

2. 产品的运输。从产品运输的角度讲，学生必须考虑不同市场的运输费用的差别。由于三种产品的体积、重量类似，因此三种产品的运费只与工厂与市场的距离有关，运往不同市场的运费是不同的，而不同产品的运费是相同的。模拟系统中每件产品的运费如表 7－4 所示。

表 7－4　　模拟经营中各市场运费

	国内北	国内东	国内西	国内南	发达国家	发展中国家
单位产品运费（元）	30	30	50	50	150	100

做供应决策时也要考虑运费的成本问题，并根据运费优化生产、供应、销售等方面的决策。

3. 产品的仓储。企业有自己的仓库，没有运输出去的产品储存在工厂的产成品仓库。每季度有一笔固定的支出。在仓库中储存的每个产品都会产生费用，仓库也有固定管理费。产品的仓储数量按期初和期末的平均值计算（见表 7－5）。

表 7－5　　模拟经营中产品仓储费

	仓储费（元）
产成品仓库固定费用	5000
单位产品仓储费	20

（三）本模拟软件原材料供应应考虑的要素

1. 原材料批量采购。只要发生采购行为，就会产生一笔固定的采购费。采购原材料还会产生运费，按照采购原材料的数量计算。当购买原材料达到一定数量时，供应商会有一定的优惠。

因此，减少原材料采购次数、一次购买大量的原材料是可以考虑的。这种方式减少了采购的固定费用并可获得相应的折扣。但这种方式也会使成本增加，主要有两个方面：一是资金的占用增加，如果企业需要借贷来购买原材料，将带来资金成本；二是过多的原材料会造成仓储费的上升。学生必须综合考虑这些成本和收益，选择最经济的采购方式。

原材料采购和仓储费如表 7－6、表 7－7 所示。

表 7－6　　模拟经营中原材料采购费用

	费用（元）
原材料采购费	5000
单位原材料 M1 运费	2
单位原材料 M2 运费	3

表 7－7　　模拟经营中原材料仓储费用

	仓储费（元）
原材料仓库固定费用	2000
单位原材料 M1 仓储费	1
单位原材料 M2 仓储费	1.5

2. 原材料期货。原材料的期货采购是利用期货和现货的差价获取利润。但购买期货应考虑的同样有两点：资本成本和仓储费。虽然期货到货前不会产生仓储费，但如果决策失误，期货购买的过多，剩余的原材料同样发生仓储费。

第八章

人力资源管理及第五次决策

一、实验目的

1. 学生理解人力资源管理的理论知识，重点是人力资源规划和薪酬激励方面的内容。
2. 通过教师对学生供应管理报告的点评，加深学生对供应管理的理解。

二、实验准备

1. 实验资料的准备——生成第四轮管理报告。教师进入【教师中心】，在【模拟比赛】→【比赛管理】中点击“下一轮”按钮，让系统处理学生的第四轮决策，生成第四轮管理报告。详见第四章的实验提示。

2. 教师授课内容的准备。

（1）报告的点评。教师给每个队打印一份第四轮管理报告，在课堂上交给每个公司的总经理。教师事先浏览学生的报告，总结学生第四轮决策的表现。

（2）课件的准备。教师准备讲授人力资源管理的课件，理论知识可参考本章第三部分。教师应研究本模拟软件中在人力资源管理方面的模拟要点与规则，在课堂上指导学生。详细内容可参考软件的“人力资源规则”部分。

三、理论知识

（一）人力资源规划

人力资源规划又称人力资源计划（human resourse planning，HRP），是公司组织为实现其战略目标而进行的人力资源计划管理方式。公司组织将经营战略和目标对人力的需求予以预测和规划，针对公司组织发展中的人力资源供给和需求状况采取相应的措施，确保公司组织在需要的时间和需要的岗位上获得所需要的人选（包括数量、质量和结构），以实现公司组织人力资源的最佳配置。

人力资源规划包括两个层次的内容：总体规划和业务计划。人力资源总体规划是有关计划内人力资源开发利用的总目标、总预算、实施步骤等。人力资源规划业务计划的工作内容包括人员补充计划、人员使用计划、提升与降职计划、教育培训计划、薪资计划等。这些业务计划是总体规划的具体化。

人力资源规划可分为以下四个阶段：

1. 调查阶段。这一阶段是对公司组织人力资源的需求及供给情况进行了解和预测，包括人力资源需求预测和人力资源供给预测。

人力资源需求预测是根据公司组织的目标，利用人力资源信息，通过适当的技术来预测在某一段时间内公司组织所需人员的数量、质量和结构。人力资源的信息主要有现有人员情况、变动情况，各岗位对人员的经验、知识、能力、技能的要求，员工的教育培训情况等。这些信息一般从员工的档案及相关记录就可查出。

人力资源供给预测是结合以往公司组织人员流动的规律和外部人力资源供给状况，对未来某时期公司组织的人力资源供给趋势作出预测。

2. 分析阶段。在这一阶段，要把公司组织人力资源需求预测的结果与供给预测的结果进行对比和分析，得出公司组织人力资源的净需求。对人力资源供需平衡的分析不能局限于供需总数的缺口，因为有的时候供需总数平衡，但某些部门或层次供过于求，而有的部门则供不应求。供需分析应明确指出公司组织人力资源供需的结构性失衡所在。结构性失衡是公司组织人力资源供需中较为普遍的一种现象。在公司组织发展中，人力资源供需不平衡是普遍存在的，平衡只是暂时的。人力资源供需分析比较的结果为公司组织制定有关人力资源管理政策和措施提供了依据。

3. 编制阶段。人力资源规划的制定在经过了前期的调查和准备阶段之后，在人力资源供需预测和分析的基础上，公司组织就能制定相应的决策，以实现人力资源的综合平衡。编制阶段的主要任务是：

（1）制定解决人力资源短缺的政策和措施，包括培训本公司组织的职工；根据情况择优提升补缺；进行岗位平行性调动，适当进行岗位培训；雇用临时人员；外部招聘；延长员工工作时间或增加工作负荷量；重新设计工作岗位，以提高员工工作效率等。

（2）解决人力过剩的政策与措施，包括降低工资和福利；临时下岗；辞退等。

4. 完成阶段，即规划和业务计划的实施，并对实施效果进行评估。

（二）人力资源需求与供给预测技术

1. 影响人力资源需求的因素。人力资源需求预测非常重要，正确的预测能为后续的人力资源管理工作和组织的其他工作打下一个坚实的基础。错误的预测会影响后续的人力资源管理工作和组织的其他工作，带来巨大的成本浪费。公司组织必须根据自身情况选取合适的方法。这时，就需要了解公司组织人力资源需求的各种因素。这些因素包括：

（1）公司组织外部环境因素。公司组织对人员的需求会受到社会经济发展状况、经济体制等因素的影响。随着社会的发展，人们对某些产品或者服务的需求会发生变化，因而也会影响到提供相应产品或服务的公司组织对人员的需求。同时，技术的变革和新技术的应用也会引起人员需求的变化。总而言之，对公司组织人力资源需求的影响因素与对公司组织经营的影响因素类似，包括了政治因素、法律因素、经济因素、社会因素、文化因素、技术因素等。

（2）公司组织内部环境因素。影响公司组织人力资源需求的内部环境因素也是多方面的。对公司组织结构的调整、财务预算等公司状况的变化都会造成人员需求的变化。总之，公司组织的行业属性、发展战略、文化状况、组织结构等都是影响人力资源需求的内部环境因素。

（3）人力资源自身因素。员工的辞职、合同终止、疾病、意外、退休等都会产生工作岗位的空缺，需要招聘员工进行补充，进而影响到公司组织人力资源的需求状况。

2. 人力资源需求预测技术。

（1）经验估计法，就是利用现有的情报和资料，根据有关人员的经验，结合本公司的特点，对公司职工需求加以预测。经验估计法可以采用“自下而上”和“自上而下”两种方式。“自下而上”是由直线部门的经理向自己的上级主管提出用人要求和建议，得到上级主管的同意；“自上而下”的预测方式就是由公司经理先拟定出公司总体的用人目标和建议，然后由各级部门自行确定用人计划。最好是将“自下而上”与“自上而下”两种方式结合起来运用，先由公司提出职工需求的指导性建议，再由各部门按公司指导性建议的要求，会同人事部门确定具体用人需求，同时，由人事部门汇总确定全公司的用人需求，最后将形成的职工需求预测交由公司经理审批。

（2）统计预测法，是运用数理统计形式，依据公司目前和预测期的经济指标及若干相关因素，计算得出职工需求量。在这类方法中采用最普遍的是比例趋势法，回归分析和经济计量模型比较复杂，用得不是很多。

比例趋势分析法是通过研究历史统计资料中的各种比例关系，如管理人员与工人之间的比例关系，加入未来情况变动因素，估计预测期内的比例关系，从而预测未来各类职工的需要量。这种方法简单易行，关键在于历史资料的准确性和对未来情况变动的估计。

经济计量模型法是先将公司的职工需求量与影响需求量的主要因素之间的关系用数学模型的形式表示出来，依此模型及主要因素变量来预测公司的职工需求。这种方法比较复杂，一般只在管理基础比较好的大公司里才采用。

（3）工作研究预测法。这种方法就是通过工作研究（包括动作研究和时间研究）来计算完成某项工作或某件产品的工时定额和劳动定额，并考虑预测期内的变动因素，确定公司所需职工人数。

3. 影响人力资源供给的因素。社会因素、政策因素、行业性因素是影响外部人力资源供给的主要因素。行业因素包括行业的发展前景，竞争对手的数量、实力和吸引人才的手段等。社会因素包括公司组织所在地及周边地区的人口状况、就业水平、就业观念、教育水平、当地的生活条件等。政策因素包括教育制度、就业政策、人才法规等影响。

4. 人力资源供给预测技术。该技术方法与人力资源需求分析的方法类似，主要需要分析以下内容：（1）分析公司目前的职工状况，如公司职工的部门分布、技术知识水平、工种、年龄构成等，了解公司职工的现状。（2）分析目前公司职工流动的情况及其原因，预测将来职工流动的态势，以便采取相应的措施避免不必要的流动，或及时给予替补。（3）掌握公司职工提拔和内部调动的情况，保证工作和职务的连续性。（4）分析工作条件（如作息制度、轮班制度等）的改变和出勤率的变动对职工供给的影响。（5）掌握公司职工的供给来源和渠道。职工可以来源于公司内部（如富余职工的安排、职工潜力的发挥等），也可来自于公司外部。

在本模拟经营中，人力资源规划是非常重要的，它对企业经营的成败起到相当关键的作用。虚拟企业的人力资源规划涉及生产（包括加工和组织）、供应、研发、销售、管理多个业务及职能部门。

在本模拟软件中，有一个虚拟的人力资源市场，模拟现实社会中的外部可用人力资源。在这个虚拟人才市场中，各类人力资源的数量主要受失业率等因素的影响，而且某些稀缺人力资源的数量是有限的。在模拟系统中，还设计了通过培训来获得高级人才的方式，以解决虚拟企业的人力资源问题。

（三）薪酬激励机制

科学有效的激励机制能够让员工发挥出最佳的潜能，为企业创造更大的价值。激励的方法很多，但是薪酬是一种最重要、最易运用的方法。薪酬是企业对员工给企业所作的贡献，包括他们实现的绩效，付出的努力、时间、学识、技能、经验和创造所付给的相应的回报和答谢。在员工的心目中，薪酬不仅仅是自己的劳动所得，它在一定程度上代表着员工自身的价值、企业对员工工作的认同，甚至还代表着员工个人能力和发展前景。

从对员工的激励角度上讲，可以将广义的薪酬分为两类：一类是保健性因素（或称维护性因素），如工资、固定津贴、社会强制性福利、公司内部统一的福利项目等；另一类是激励性因素，如奖金、物质奖励、股份、培训等。如果保健性因素达不到员工期望，会使员工感到不安全，出现士气下降、人员流失，甚至招聘不到人员等现象。另一方面，尽管高额工资和多种福利项目能够吸引员工加入组织并留住员工，但这些常常被员工视为应得的待遇，难以起到激励作用。真正能调动员工工作热情的是激励性因素。因此，建立完善而有效的薪酬激励机制是非常重要的。

要想使薪酬既具有最佳的激励效果，又有利于员工队伍稳定，就要在薪酬制度上增加激励功能。首先，具有激励作用的薪酬可以保证薪酬在劳动力市场上具有竞争性，能够吸引优秀的、符合企业所需的人才。其次，对员工的薪酬激励可以留住员工，提高员工工作的士气，为企业创造更大的价值。最后，通过薪酬激励，将短、中、长期经济利益相结合，促进企业的利益和员工的利益、企业的发展目标与员工的发展目标相一致，使员工与企业结成利益共同体，最终达到双赢。

建立行之有效的薪酬激励机制必须要注意以下几个问题：

1. 激励报酬的合适程度。一个员工所得到的所有报酬的总价值包括精神奖励和物质收入。报酬水平的高低决定了公司所能够吸引到的员工的技术水平和能力的高低。报酬分为工资、奖金、分红或股权及其他福利收益。在分析报酬构成时，要重点考虑两点：第一，哪一种构成方式对哪一类人的吸引力更大；第二，提供某种利益所需要花费的成本是大还是小，这种利益对员工的价值是大还是小。这个就是激励报酬的合适程度问题。激励报酬的高低还要取决于激励报酬和公司风险之间的权衡。

2. 实施薪酬激励有效性的措施。

（1）提供具有公平性和竞争力的薪酬。公平，是实现报酬制度达到满足与激励目的的重要成分之一。对于通过努力来获得报酬的员工来说，必须让他们相信与付出相应的报酬一定会随之而来。如果企业未能建立可信度，那么员工对于报酬制度的信任感也将受损，工作积极性与主动性将大打折扣。

具有有竞争力的薪酬能使员工从开始便珍惜这份工作。支付最高工资的企业最能吸引人才，尤其是那些出类拔萃的员工，对于行业内的领先公司尤其必要。较高的报酬会带来更高的满意度，与之俱来的还有较低的离职率。薪酬缺乏市场竞争力，将使企业人才流失，其结果是造成企业不断招聘新员工以满足运作需求的同时、老员工又不断离职的恶性循环，这是企业人力资源的极大浪费。薪酬的公平性和竞争力是相对的，要根据企业的经营状况而定，还要考虑成本的问题。

(2) 设计符合员工需要的福利项目。薪酬激励与员工的福利密切相关。员工个人的福利项目可以分成两类：一类是强制性福利，企业必须按政府规定的标准执行，比如养老保险、失业保险、医疗保险、工伤保险、住房公积金等；另一类是企业自行设计的福利项目，旅游、健康检查、俱乐部会费、提供住房或购房支持计划、提供公车或报销一定的交通费、带薪假期等。员工有时会把这些福利折算成收入，用以比较企业是否具有物质吸引力。因此，完善的福利系统对吸引和保留员工非常重要，它也是公司人力资源系统是否健全的一个重要标志。福利项目设计得好，不仅能给员工带来方便，解除后顾之忧，增加对公司的忠诚度，同时也提高了公司的社会声望。

(3) 实现薪酬与绩效挂钩。单纯的高薪并不能起到激励作用，只有与绩效紧密结合的薪酬才能够充分调动员工的积极性。从薪酬结构上看，绩效工资的出现丰富了薪酬的内涵，过去那种单一的、无激励的薪酬形式已经越来越少，取而代之的是与个人绩效和团队绩效紧密挂钩的灵活多样的薪酬体系。通过实施绩效薪酬，调动了员工的工作热情，提高了绩效。但是，并不是实施了与绩效挂钩的薪酬都能获得理想的结果，其关键在于绩效薪酬的方案设计，如果方案不好，负面影响可能很大。设计科学合理的绩效考评指标体系是绩效薪酬实施成功的重要保证。注意绩效工资要有具体的兑现日期并且要及时兑现，不能拖时间；整个公司的员工都要有绩效工资，不能有些人有，有些人员没有；公司制定绩效工资体系时要让所有的员工都参与，参与的过程是一个很好的沟通和培训的过程，也是让公司和员工发现问题和树立成功信心的过程。

(4) 把握薪酬支付的透明度。薪酬信息公开还是保密对许多企业来说都是一个难题，这源于企业员工对薪酬公平性的高度敏感性。企业采取绝对的薪酬保密制度或者采取绝对的薪酬公开制度，对企业来说都各有其优点和缺点，关键是在于如何把握“度”的问题。尺度的把握程度直接影响激励效果。采取保密薪酬的企业可能会禁止员工彼此了解薪酬的水平，但是并不等于禁止薪酬信息的沟通。但在这种情况下，员工也可以通过某些方面得到一些不完全的信息，并对薪酬的公平性作出判断，而这种判断有可能是歪曲了事实的。同样，公开的薪酬也未必能够使员工对薪酬的公平性作出正确判断。据此，企业应该尽可能传递一些薪酬所蕴含的信息，表达企业所推崇和鼓励的思想。联想集团在这方面做得很成功，它的薪酬制度有先进的评估考核工具、向下看两级的管理制度、诚信公平的企业文化作支撑，并且注重与员工的沟通，保持信息流畅。

(5) 注意与员工沟通薪酬。沟通很重要，要让员工知其然，也知其所以然。如果员工不知道为何拿钱，对员工也起不到激励作用。作好沟通必须注意以下三点：第一，是与员工沟通公司的战略方向，让员工了解公司的目标，这对于高层领导特别重要；第二，将公司总体目标向下分解，帮助各部门和员工明确具体业绩目标；第三，通过业绩考核与资质评估为员工提供业绩结果与行为方面的反馈；最后以薪酬手段，包括年终奖金，强化员工的业绩行为，继而达成公司的总体目标。此外，还要注意绩效评估和信息反馈，保持员工的积极、健康心态。

(6) 支付薪酬上要满足层次需求。需要层次论是研究人的需要结构的一种理论，是美国心理学家马斯洛所首创的一种理论。该理论把人的需要分为生理需要、安全需要、社交需要、尊重需要、自我实现需要五个层次。马斯洛的需要层次论认为，需要是人类内在的、天生的、下意识存在的，而且是按先后顺序发展，满足了的需要不再是激励因素。员工只有满足低层次需求之后，才能考虑更高的层次需求。企业在设计薪酬的时候应该有针对性地了解员工的需求，适时满足员工合理的要求。因此，在支付薪酬上，对收入较低的一般员工多应用经济性的薪酬；而对于高层次人才，应将经济性薪酬和非经济性薪酬有机的结合起来，如果工资较高但是缺少培训和发展机会，仍然缺乏吸引力和激励性。当员工的需要被满足时，员工就能够被激励，工作就有了积极性，企业也相对受益。反之亦然。此外，将经济性和非经济性的薪酬有机结合，适当缩短常规奖励的时间间隔，保持激励的及时性，有助于增强激励效果。薪酬管理并不是对金钱的直接关注，而是关注如何正确使用薪酬这一金钱的激励作用。即使薪酬总额相同，但其支付的方式不同，会取得不同的激励效果。

在模拟经营中，各类人员的工资是固定的，奖金是薪酬体制中的激励部分。薪酬影响着虚拟企业中员工的工作积极性和工作效果，将对虚拟企业的某些工作环节产生影响。

在本软件的虚拟企业中，各类人员会因为薪酬方面的原因而离开企业，从而影响企业的可用人力资源。同时，竞争对手的薪酬水平影响着各企业招聘稀缺人力资源的成功性，仿真了企业对人才的争夺。

四、实验操作

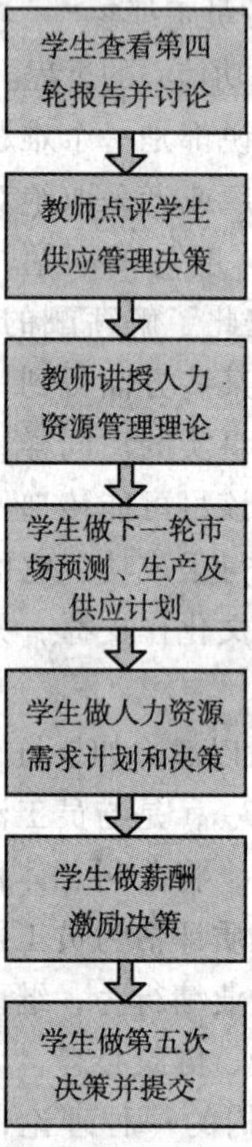

图 8－1

本章实验流程见图 8－1。

1. 学生查看第四轮报告并讨论。学生使用自己的用户名和密码进入模拟大厅，选择自己的角色进入决策界面。这时，在【内部信息】中就可以查看第四轮的报告。在【背景公告】的【经济形势】中，可看到当前的经济环境状况，汇率情况。学生进入【内部信息】，重点查看【供应报告】。供应报告的信息包括：原材料的供应情况、产成品采购情况、市场供货情况（见图 8－2 至图 8－4）。

图 8－2　原材料供应结果

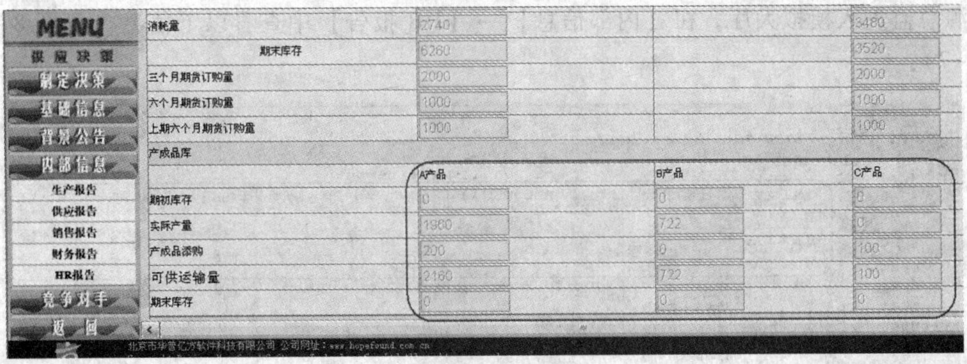

图 8－3 产成品采购结果

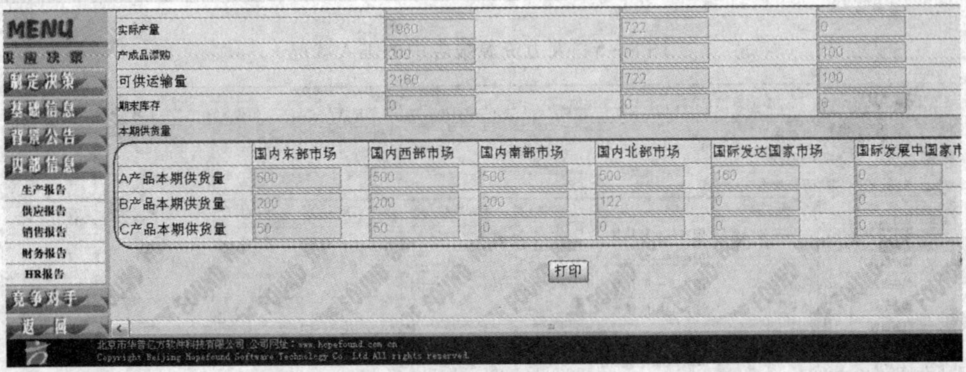

图 8－4 市场供货结果

学生在公司内部讨论供应报告与制定的决策是否有偏差，如果存在问题，需要共同找出原因并加以解决。

分析第四轮决策中的供应管理是否成功，内容包括：(1) 原材料现货是否满足了生产的需要。(2) 原材料期货与现货价格相比是否体现出了成本优势。(3) 各产品向各市场的供应量是否满足了市场销售的需要，运输量安排是否合理，产成品的采购是否满足供应计划。

2. 教师点评学生的供应管理情况。教师可以选择部分学生代表发言，阐述所在公司制定供应计划的过程、遇到的问题和解决的办法，以及实际结果是否符合决策时的计划。计划和结果不相符时，学生应分析出现问题的原因。

教师对学生的报告给予点评，就学生在供应报告中反映的问题给予指正，并总结学生第四轮生产报告的情况，指出学生在思路及决策存在的不足或失误。

3. 教师讲授人力资源管理的理论、方法。教师讲授有关人力资源规划管理和薪酬激励等相关知识，并根据本节的实验提示，结合模拟系统的特点，讲解如何在比赛中制定各部门人员的招募、解聘、培训计划和激励计划（奖金、销售人员的提成）。

4. 学生作第五轮的市场预测、生产和供应计划。分别以营销总监、生产总监和供应总监为主角，制定下季度的营销、生产和供应决策，并在系统的决策界面填写决策。

5. 学生作人力资源需求计划和决策。学生以各队的人力资源总监为主角，分析并制定这项决策。

(1) 查看人力资源状况。首先，人力资源总监查看上季度末企业的人力资源状况。人力资源总监进入模拟大厅，在【内部信息】→【HR 报告】中查看以下信息（见图 8－5 至图 8－7）：

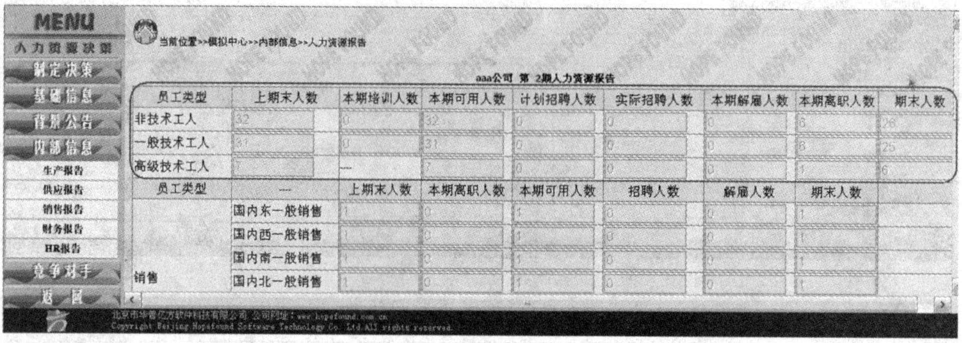

图 8－5　人力资源报告中的工人状况

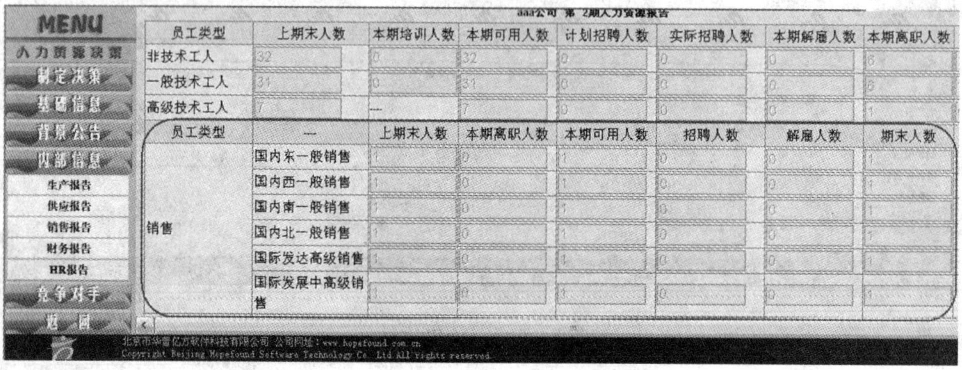

图 8－6　人力资源报告中的销售人员状况

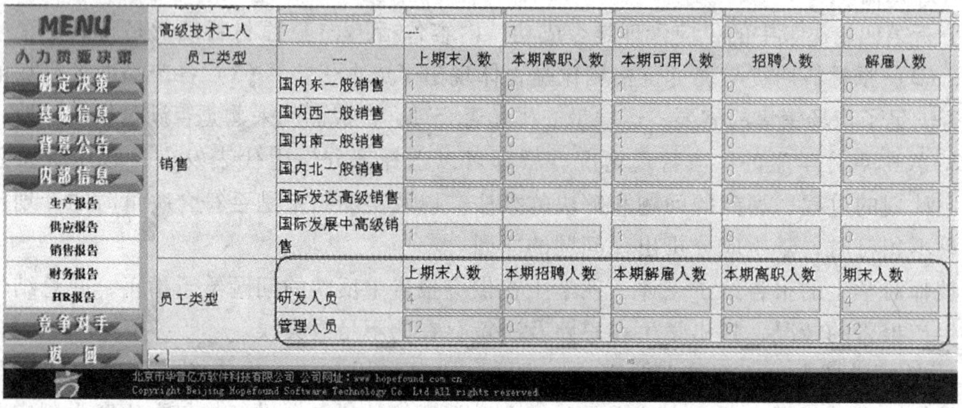

图 8－7　人力资源报告中的管理人员和研发人员状况

（2）非技术工人的人力资源规划。根据生产部门机加工生产的安排，人力资源总监与生产部门共同制定非技术工人的人力资源招聘/解聘决策。由于非技术工人在季度初就可以招聘到岗，因此非技术工人的人力资源规划是根据下季度的机加工生产安排确定的，即保证有足够的非技术工人能够操作机器完成机加工工序的生产计划。人力资源总监按照上季度末的非技术工人数和下季度所需非技术工人数计算得到需要招聘的人数。其计算公式如下：

招聘非技术工人数 = 下季度生产所需人数 - 上季度末人数

供应总监进入模拟大厅，在【制定决策】→【招聘和培训】，按照计算所得填写非技术工人的招聘数量（见图 8 - 8）。

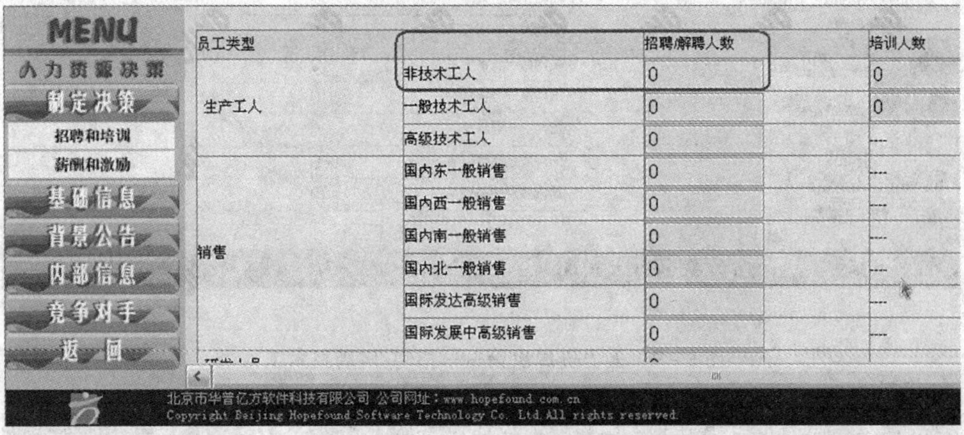

图 8 - 8　人力资源决策——招聘/解聘非技术工人

（3）技术工人的人力资源规划。技术工人的数量直接影响着组装生产能力，而且技术工人的招聘必须经过一个周期（一个季度），因此技术工人的人力资源规划更为重要。同样，技术工人的招聘/解聘同样需要生产部门的配合。

首先是生产部门确定下下个季度的生产规划及组装所需技术工人数量，人力资源部门计算技术工人的招聘/解聘数。其计算公式如下：

理论招聘技术工人数 = 下下季度所需人数 - 上季度末人数

由于技术工人在劳动力市场相当稀缺，如果竞争对手也在招聘技术工人，企业所需招聘的技术工人不一定能够吸引过来。能否招聘到计划所需的技术工人数，要看企业技术工人的薪酬在整个行业的竞争力，企业相比同行业的企业给工人的待遇越高，越有可能招聘到足够的技术工人。技术工人有两种类型：一般技术工人和高级技术工人。高级技术工人的工作效率更高，在相同人数时，比一般技术工人能组装出更多的产品。当然，高级技术工人的工资会更高（详见本节后面的薪酬福利决策）。人力资源部门要考虑招聘哪类技术工人，各类技术工人的招聘数量。

计划做好后，就可进入【制定决策】→【招聘和培训】，按照计算所得填写非技术工人的招聘数量（见图 8 - 9）。

如果分析认为劳动力市场的技术工人数量较少或者本企业的招聘有一定难度，还可以选择培训非技术工人的方式来解决问题。非技术工人经过一个季度的培训掌握一定的技术后可成为技术工人，担负起组装的工作。由于培训需要一个周期，也需要提前作出规划。需要注意的是：培训非技术工人会减少非技术工人的数量，企业加工能力可能会受到影响。所以，人力资源总监在做非技术工人的培训决策时，还需留意企业非技术工人的情况，或许要重新制定非技术工人的招聘计划。

培训决策做完后，人力资源总监进入【制定决策】→【招聘和培训】，填写非技术工人的培训人数（见图 8 - 10）。

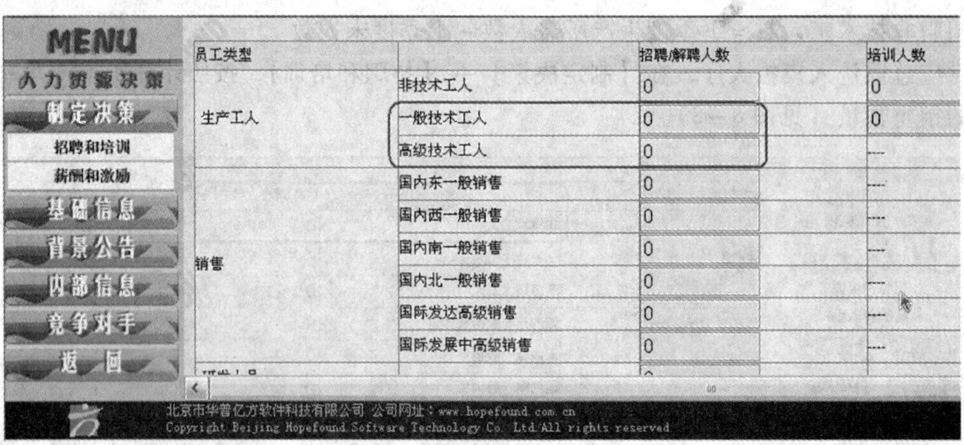

图 8-9 人力资源决策——招聘/解聘技术工人

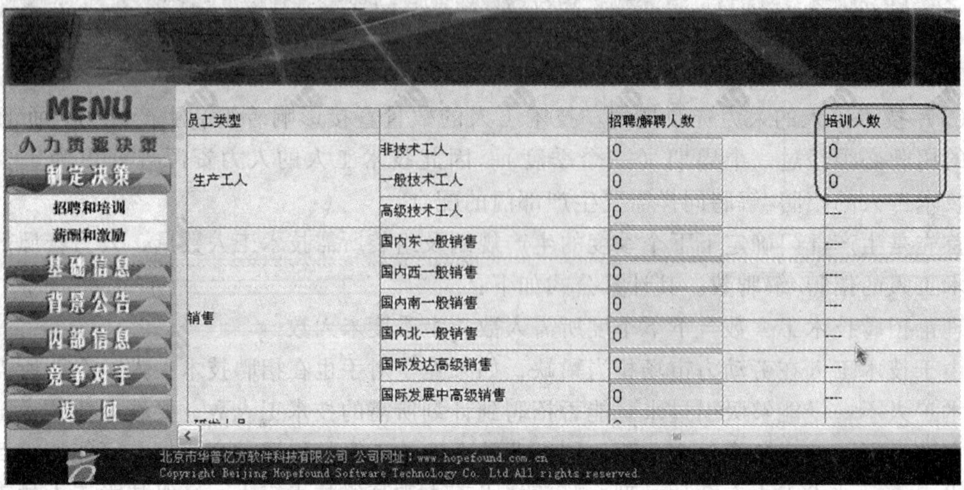

图 8-10 人力资源决策——培训非技术工人

(4) 销售人员招聘/解聘决策。人力资源总监需要和营销总监一起制定销售人员的招聘/解聘计划。销售人员的招聘也需要一个周期，因此要根据营销总监对下下个季度的营销计划来制定销售人员的招聘/解聘决策。由于销售人员要对应不同的市场工作，因此要分别决定每个市场销售人员的招聘/解聘计划。

决策做好后，人力资源总监进入【制定决策】→【招聘和培训】，填写销售人员招聘/解聘数（见图 8-11）。

(5) 管理人员招聘/解聘决策。管理人员主要在销售管理中发挥作用，人力资源总监同样要与营销总监一起研究管理人员的招聘计划。管理人员的招聘活动同样需要一个周期。

决策做好后，人力资源总监进入【制定决策】→【招聘和培训】，填写管理人员招聘/解聘数（见图 8-12）。

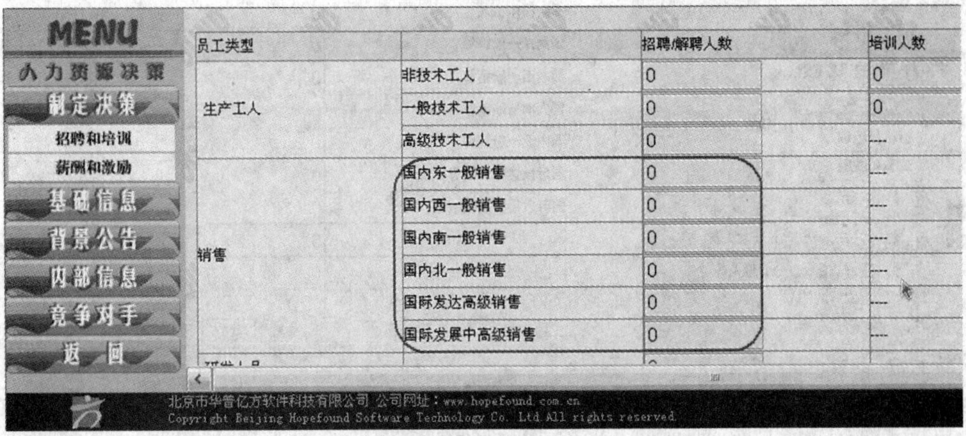

图 8－11　人力资源决策——招聘/解聘销售人员

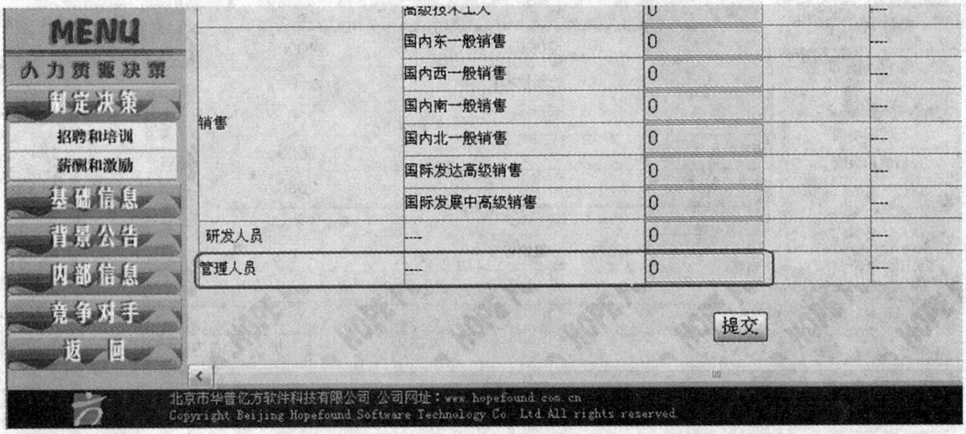

图 8－12　人力资源决策——招聘/解聘管理人员

（6）研发人员招聘/解聘决策。研发人员决定着新产品开发的成败，由于研发在系统中归属生产部门管理，人力资源总监需要同生产总监一起研究管理人员的招聘计划。研发人员到岗也需要一个周期的时间，需要根据下下个季度的研发活动提前做好招聘计划。

决策做好后，人力资源总监进入【制定决策】→【招聘和培训】，填写研发人员招聘/解聘数（见图 8－13）。

6. 学生做薪酬激励决策。系统中规定企业员工都有固定的工资，需要决策的是各类人员的奖金，包括销售人员的提成。奖金的作用一方面是提高企业人员的稳定性，还对企业的经营结果有一定的影响。提成比例高同样提升了销售人员的工作积极性，企业产品的销售量也会随之增加。提成决策对所有市场的销售人员都是有作用的，即一般销售人员的提成对 4 个国内市场的销售人员都起作用，而高级销售人员的提成对 2 个国际市场的销售人员都起作用。

决策做好后，人力资源总监进入【制定决策】→【薪酬和激励】，填写非技术工人、技术工人、研发人员和管理人员的奖金和销售人员的提成（见图 8－14 和图 8－15）。

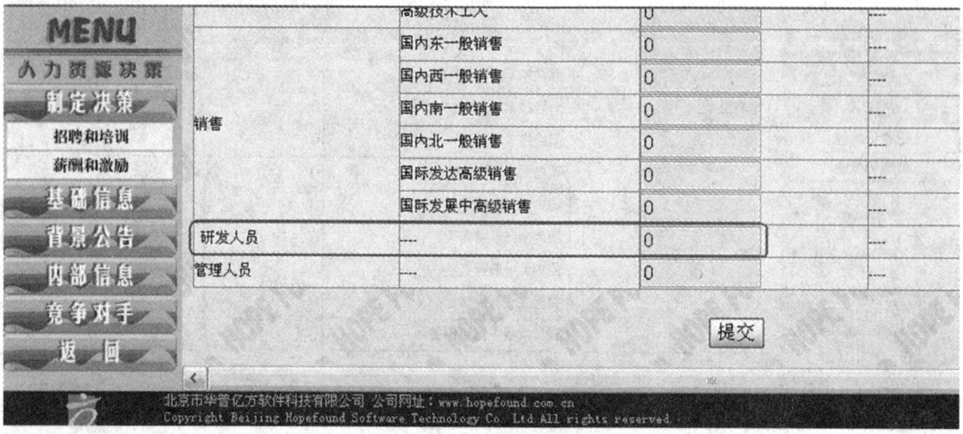

图 8－13　人力资源决策——招聘/解聘研发人员

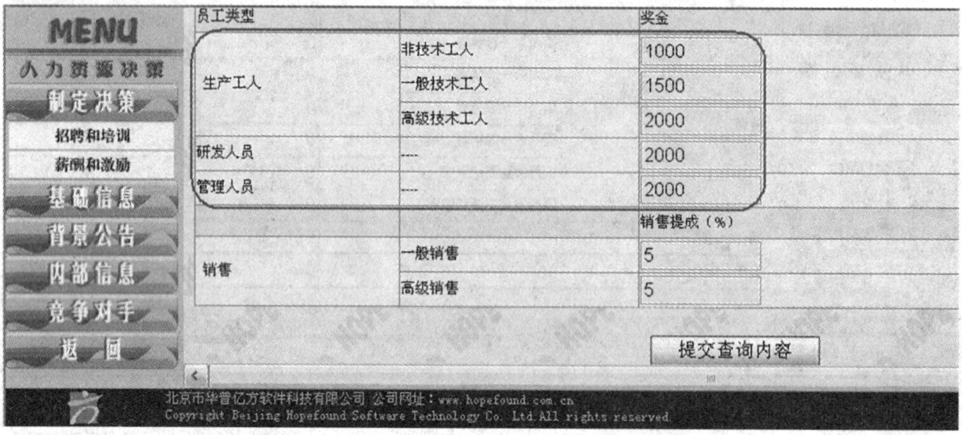

图 8－14　人力资源决策——各类人员的奖金

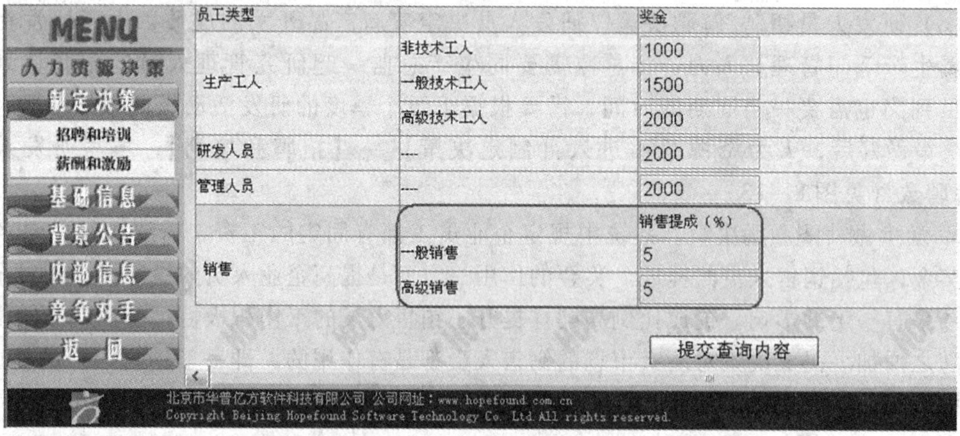

图 8－15　人力资源决策——销售人员的提成

7. 学生做第五次决策并提交。人力资源部门的决策完成后，其他部门的负责人各自完成其他决策，然后提交给总经理审查，决策由总经理认定后提交至系统。

五、实验评价

1. 学生对人力资源管理知识的掌握。每个队由总经理组织撰写人力资源管理报告。报告中要写明以下几点：

(1) 其他部门对人力资源的需求有影响的决策：下季度生产部门的生产计划、下下季度的生产计划、下下季度的销售计划（重点是销售人员的增减计划）。

(2) 目前企业的人力资源状况：上季度末企业各类人员的数量，各类人员的去留情况。

(3) 企业所制定的人力资源规划：非技术工人的招聘/解聘、技术工人的招聘/解聘、非技术工人的培训、研发人员的招聘/解聘、管理人员的招聘/解聘、销售人员的招聘/解聘，并列出相关的计算。

(4) 企业所制定的薪酬福利计划：非技术工人、技术工人、研发人员、管理人员的奖金，销售人员的提成比率及制定该计划的原因。

教师可根据学生撰写供应管理报告的认真程度、人力资源规划的正确程度、薪酬激励计划的合理性给各队打分。

2. 学生完成第五轮决策。学生按照分工完成各部门的决策，最后由总经理提交决策成功，即完成第五次决策的制定和提交。

六、实验提示

1. 第四轮管理报告的点评。教师根据学生的供应管理报告和第四轮管理报告进行点评。针对学生的供应管理报告，教师应看学生是否掌握了原材料供应和产品供应管理的基本知识与方法，能否根据市场需求制定正确的产品运输安排及产品采购补充计划，是否能根据生产计划制定正确的原材料现货供应决策，并根据生产规划采取合理的原材料期货供应计划。

2. 本模拟软件人力资源管理应考虑的要素。

(1) 非技术工人的人力资源管理。加工工序每条生产线需要配备一定的非技术工人，没有配足工人数的生产线不能投入使用。不同生产线所需的非技术工人数量也不同，如表8－1所示。

表8－1　模拟经营中生产线价值

	自动	半自动
价值（元）	100万	40万
每条生产线每班所需工人	3	6

因此，人力资源部门要跟生产部门一起考虑非技术工人的招聘规划。首先是生产部门按照生产安排确定生产使用的机器类型和数量，然后人力资源部门根据企业目前的工人数量计算所需招聘工人数。非技术工人的招聘、解聘都是在下季度初就完成的。非技术工人在劳动

力市场是过剩的，因此能够完全按照招聘的计划到岗。工人的解聘决策的决定应该谨慎，一方面是工人的解聘需要费用，而且费用相对较高，另一方面如果企业后期生产扩大可能还需要再招聘工人。因此，解聘工人的决策要综合考虑。非技术工人的每季度有固定工资，奖金是需要决策的。本企业的奖金相对行业其他企业的高低决定着非技术工人的去留。工人主动离职不需要支付解聘费（见表8-2）。

表8-2　模拟经营中非技术工人人力资源管理成本

	招聘费（元/人）	解聘费（元/人）	每季度工资（元/人）
非技术工人	200	300	5000

（2）技术工人的人力资源管理。技术工人分为一般技术工人和高级技术工人，两者的区别是工作技能和熟练程度不同。招聘哪类工人首先是生产部门需要考虑的问题，要根据生产的需要作出决定。人力资源部门再根据当前企业的技术工人状况作出招聘解聘的决定。

由于技术工人在劳动力市场较少，因此技术工人招聘可能会出现少于计划招聘人数的情况。一方面要看劳动力市场的情况，从失业率判断，失业率越低，劳动力市场中的技术工人就越少；另一方面要看企业的奖金情况，在行业中奖金最高的企业最有可能招聘到技术工人。技术工人的招聘需要一个季度，解聘也需要一个季度。技术工人的解聘同样需要谨慎决策，理由同非技术工人。技术工人可能发生自动离职的情况，奖金越低，技术工人离职的可能性越大。与解聘一样，离职发生在季度末，即该季度中仍参与工作（见表8-3）。当感觉技术工人招聘困难时，人力资源部门也可以选择培训工人。非技术工人经过培训可转化为一般技术工人，一般技术工人经过培训可转化为高级技术工人。培训期间工人不工作，需要投入一定的培训费用，并经过一个季度（见表8-4）。

表8-3　模拟经营中技术工人招聘、解聘费

	招聘费（元/人）	解聘费（元/人）
普通技术工人	500	700
高级技术工人	800	1000

表8-4　模拟经营中工人培训费

	培训费（元/人）
非技术工人	1500
一般技术工人	3000

企业每季度需要支付技术工人一定的工资，如果技术工人有加班的情况，加班工作日需要支付更高的工资（见表8-5）。

表8-5　模拟经营中技术工人工资

每季度工资	正常班（元/人）	单日加班（元/人）	双日加班（元/人）
普通技术工人	8000	3200	6400
高级技术工人	12000	4800	9600

（3）研发人员的人力资源管理。研发人员是研发工作能否顺利进行的关键因素之一。研发人员的招聘也要经过一个季度，所以要根据研发规划提前做好招聘计划。如果研发人员对目前的奖金不满，季度末可能会离开企业。研发人员的相关费用如表8－6所示。

表8－6　模拟经营中研发人员人力资源管理成本

	招聘费（元/人）	解聘费（元/人）	每季度工资（元/人）
研发人员	1000	1200	15000

（4）管理人员的人力资源管理。管理人员对销售的顺利完成起到一定的作用，其招聘也要经过一个季度，所以要提前作好招聘计划。管理人员的上限是上季度末企业员工总数的15%，最少不能低于上季度末企业员工总数的10%（见表8－7）。

表8－7　模拟经营中管理人员人力资源管理成本

	招聘费（元/人）	解聘费（元/人）	每季度工资（元/人）
管理人员	1500	2000	20000

（5）销售人员的人力资源管理。销售人员是市场开展销售活动的必要前提之一。在国内市场需要普通销售人员，在国际市场中需要高级销售人员。销售人员的招聘和解聘需要一个季度。对销售人员的激励是企业给予他们的根据销售额的提成比例。当销售人员对企业制定的提成比例不满时会在季度初主动离开企业，虽然这种情况下企业不需要支付解聘费用，但给销售工作造成的影响必须予以考虑（见表8－8）。

表8－8　模拟经营中销售人员人力资源管理成本

	招聘费（元/人）	解聘费（元/人）	每季度工资（元/人）
一般销售人员	800	1000	3000
高级销售人员	1500	2000	6000

第九章

市场营销管理及第六次决策

一、实验目的

1. 掌握市场营销管理的相关理论知识，重点是需求弹性的知识和计算方法，营销管理中的营销方案选择。

2. 通过教师对学生的人力资源管理报告的点评，加深学生对人力资源管理的理解。

二、实验准备

1. 实验资料的准备——生成第五轮管理报告。教师进入【教师中心】，在【模拟比赛】→【比赛管理】中点击“下一轮”按钮，让系统处理学生的第五轮决策，生成第五轮管理报告。详见第四章的实验提示。

2. 教师授课内容的准备。

（1）报告的点评。教师给每个队打印一份第五轮管理报告，在课堂上交给每个公司的总经理。教师事先浏览学生的报告，总结学生第五轮决策的表现。

（2）课件的准备。教师应研究本模拟软件中在市场营销管理方面的模拟要点与规则，在课堂上指导学生。详细内容可参考软件中“市场营销的规则”部分。

三、理论知识

（一）需求弹性

需求弹性是指其他影响因素不变的条件下，某影响因素的单位百分比变化量所引起的需求量变化的百分比。需求弹性一般可分为价格弹性、收入弹性、交叉弹性和广告弹性等。

需求的价格弹性表达的是需求量对商品价格变动的反应灵敏程度。需求的价格弹性受很多因素的影响，如替代品的数量和相似程度、该商品对生活的必需程度、价格位置、时间等。根据价格弹性的大小，一般把需求分为五种类型：第一种称为具有完全弹性，价格有微小的变动，需求量就会有相当大的变化；第二种称为完全没有弹性，无论价格如何变化，需求量都是固定不变的；第三种为单位弹性，即价格变化的比例与需求量变化的比例相同；第四种为需求相对有弹性，需求量变化的比例大于价格变化的比例；第五种为需求相对无弹性，需求量变化的比例小于价格变化的比例。现实生活中绝大部分商品的需求价格弹性都是最后两种类型的。

收入弹性反映的需求量对消费者收入水平变化的反应灵敏程度。大多数商品的收入弹性都是正的，即消费者收入增加时，需求量也随之增加，需求量与消费者收入是同方向变化的。根据收入弹性的大小，可把商品划分为高档品、正常品和低档品。高档品的收入弹性大于1，说明该类商品的需求量增长比例大于消费者的收入增长比例。多数商品都是正常品，需求量增长比例小于消费者的收入增长比例。低档品的需求量是随着消费者的收入水平增加而下降的。

需求的交叉弹性表示的是该商品的需求量受其他商品价格变化的影响程度。这里的其他商品包括替代品、互补品、无关品。

需求的广告弹性与价格弹性类似，在这里就不详述了。

需求弹性、商品价格、销售收入、销售利润之间是有内在联系的。我们要根据不同产品的价格弹性指导我们的价格定位。当商品的需求相对有弹性时，一般总收入与价格呈反方向变化，即价格提高，销售收入下降；而价格下降时，销售收入增加。在这种情况下，企业正确的价格策略应该适当降价，通过扩大销售量来增加销售收入。相反，需求相对无弹性是应适当涨价。而商品的价格弹性为单位弹性时，涨价或下降对销售收入是没有影响的。

同理，我们的广告策略、促销策略也应考虑不同产品的广告弹性、促销弹性。再进一步扩展，凡是影响需求的因素都可以从“弹性”这个角度去考虑其定位。

由于在模拟经营中不考虑其他行业，竞争企业之间的产品认为是同一类商品，因此需求的交叉弹性在比赛中不用考虑。

（二）营销方案

营销部门需要在营销费用、营销组合和营销资源分配上做出基本决策。

营销组合是公司从目标市场寻求其营销目标的一整套营销工具。营销组合实际上有几十个要素，一般把它们归为四类，称为“4P”；即产品、价格、地点（即分销）和促销。营销组合中最基本的工具是产品，包括产品质量、设计、性能、品牌和包装等。另外，企业提供给消费者的各种服务也包括在产品因素中。营销组合中的价格是一个相当重要的工具，企业的价格决策包括批发价、零售价、折扣、信用条件等。价格应该与产品的认知价值相称，否则消费者就会转向购买其竞争者的产品。在营销组合中，价格是唯一产生收入的因素，其他因素都表现为成本。地点这个营销工具是指企业为使目标顾客能接近和得到其产品而进行的活动。企业必须识别、吸收和联系各种中间商和营销服务设施，以便更有效地将产品和服务提供给目标市场。促销作为营销组合工具，是企业将其产品告知目标顾客并说服其购买而进行的各种活动。企业必须雇用、培训、激励销售人员，制定传播与促销计划，包括广告、促销、公共关系、直销等。营销部门还必须决定一定时期内企业的营销预算，以及如何将营销费用分配给不同的产品、渠道、促销媒体和销售领域等。

1. 定价。价格是消费者作出选择的主要决定因素，虽然在消费者选择行为中，非价格因素已经相对变得更重要，但价格仍是决定公司市场份额和盈利的最重要因素之一。公司在制定其价格政策时，必须考虑许多因素。一般可分为六个步骤：选择定价目标→测定需求→估计成本→分析竞争者的成本、价格和产品→选择定价方法→选定最终价格。

（1）选择定价目标。企业通过定价来追求六个主要目标：生存、当期利润最大化、当期收入最高、销售成长最高、最大市场“撇脂”或产品质量领先。

生存：如果行业竞争激烈或者要改变消费者的需求时，企业要把生存当成首要目标。

当期利润最大化：企业可以通过估计需求、成本制定一个价格，希望这个价格产生最大的当期利润或投资报酬率。

当期收入最高和销售成长最高：这都是企业希望扩大市场份额的做法，这种低价格定价方法也称为“市场渗透定价”。低价格有利的情况是：市场对价格非常敏感；随着生产经验的积累，生产成本可以降低；随着销量增大，分销成本可以降低；低价可以抑制当前和潜在的竞争。

最大市场“撇脂”：企业可以通过高价格从市场“撇脂”，当销售额下降时，再降低价格，吸引对价格敏感的低层次消费者。

产品质量领先：企业希望树立产品领先地位的市场目标，从而采取高出竞争对手很多的定价。

（2）测定需求。从价格变动和需求变动之间的关系绘制出需求曲线，并计算出需求弹性。

（3）估计成本。制定价格时，公司的成本是底线，否则企业无利润可言。成本应该包括所有生产、供应和销售的成本，还包括对公司所作努力和承担风险的一个合理的回报。

（4）分析竞争者。公司一般需要把自己的成本和价格与竞争对手进行比较，以了解是否有竞争优势，并针对竞争对手的策略作出反应。

（5）选择定价方法。定价方法一般有以下几种：①成本加成定价法：在产品成本上加一个固定的利润加成；②目标利润定价法：价格定位考虑的是企业追求的投资报酬率；③认知价值定价法：价格建立在消费者对产品的价值认知上；④通行价格定价法：根据竞争对手的价格来定价；⑤密封投标定价法：通常用于投标。

（6）选定最终价格。应用前面的定价方法得到价格范围，再考虑一些其他因素，就可以制定出最终价格了。

2. 促销。促销工具主要有广告、销售促进和公共关系。这些工具对营销的贡献日益增强。

广告是企业对目标顾客和公众进行直接说服性传播的主要工具之一，是一种有效的传播信息的方法。广告方案的管理主要有五个方面：任务或目标、投入资金、要表达的信息、媒体和评价。

销售促进包括各种多数是短期性的刺激工具，用来刺激消费者和贸易商比较迅速或较多的购买某一特定产品。如果说广告提供了购买的理由，销售促进就是提供了购买的刺激。销售促进的工具有消费者促销（样品、优惠券、赠品、试用、示范等）、交易促销（免费产品、折扣等）和销售人员促销（销售集会、竞赛等）。

公共关系是另一个重要的营销工具。企业不仅要与顾客、供应商、分销商建立关系，也要与大量感兴趣的公众建立关系。公众有促进或阻碍公司达成其目标的能力。大多数公司都有一个公共关系部来管理公司与关键公众的关系。公关部门搜集公众的言论、发布和传播信息，与社会各层面、主要公众建立沟通渠道，当对公司有负面影响的公共信息出现时，公关部门要及时进行各种公关工作，消除这些负面影响。

3. 渠道管理。现在，大多数生产者是通过各种销售渠道将产品出售给最终用户。有的中间机构买进商品，取得商品的所有权，然后再出售商品，被称为经销商，如批发商和零售商；还有的中间机构寻找顾客、代表厂商与顾客谈判，但不取得商品的所有权，被称为代理商。

对销售渠道的管理主要包括销售渠道的选择和销售渠道的激励。销售渠道的选择可以从经济性、可控制性和适应性这三个标准进行评估。经济性是从销售量和成本方面来考虑的，可控制性是从厂商的主动性考虑的，而适应性是从市场反应能力方面衡量的。激励渠道成员是为了促使其更好地为企业工作。处理与分销商的关系时，厂商可采用不同的方式，如强制力量、报酬力量、法律力量、品牌力量等。强制力量就是厂商对分销商施加压力，报酬力量是厂商给予更多的利益和支持，法律力量就是利用合同来约束，品牌力量依靠的是厂商自身的品牌优势来吸引分销商与其合作。

在渠道管理中，还要注意各种销售渠道之间的合作、冲突和竞争。

4. 销售队伍的管理。销售人员是公司与顾客的纽带，是公司形象的象征。对销售队伍的设计需要考虑的有销售队伍的目标、结构、规模、报酬方式等。销售人员的主要任务有寻找客户、信息转播、推销产品、提供服务、搜集信息等。销售人员的报酬可以由以下几个部分组成：固定薪金、变动金额（奖金、红利或利润提成）、费用津贴、福利等。对于销售队伍的管理一般包括四个步骤：挑选销售代表；培训销售代表在销售技术、公司产品、政策、顾客满意导向上的知识；监督和帮助销售队伍的工作；评价销售人员的业绩。

5. 网上销售。随着互联网的发展，网上营销已经日益成为重要的销售渠道。公司可以通过网站、论坛、电子邮件宣传产品信息，也可以通过电子商务在互联网上销售商品。网络营销的成本较低、传播面较广，可以为企业和消费者带来更大的利益。

四、实验操作

本章实验流程见图 9－1。

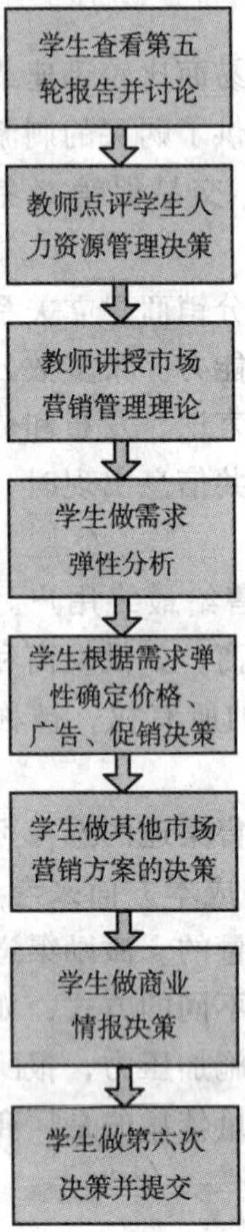

图 9－1

1. 学生查看第五轮报告并讨论。学生使用自己的用户名和密码进入模拟大厅，选择自己的角色进入决策界面。这时，在【内部信息】中就可以查看第五轮的报告。在【背景公告】的【经济形势】中，可看到当前的经济环境状况、汇率情况。学生进入【内部信息】，重点查看【HR 报告】。

人力资源报告的信息包括两部分：人员数量的变化情况，其中包括工人（包括非技术工人和技术工人）的数量变化，销售人员的数量变化，研发人员、管理人员的数量变化；企业人员奖金（包括销售人员提成）的情况（见图 9－2 至图 9－7）。

图 9－2 工人的数量变化

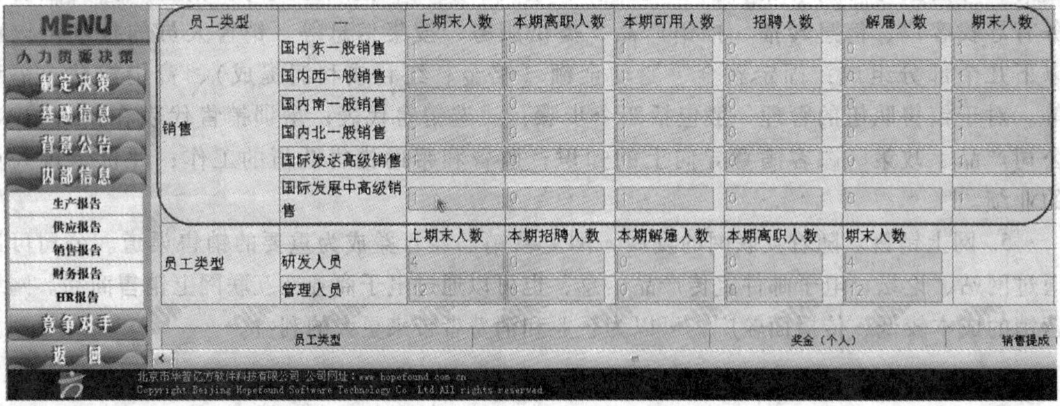

图 9－3 销售人员的数量变化

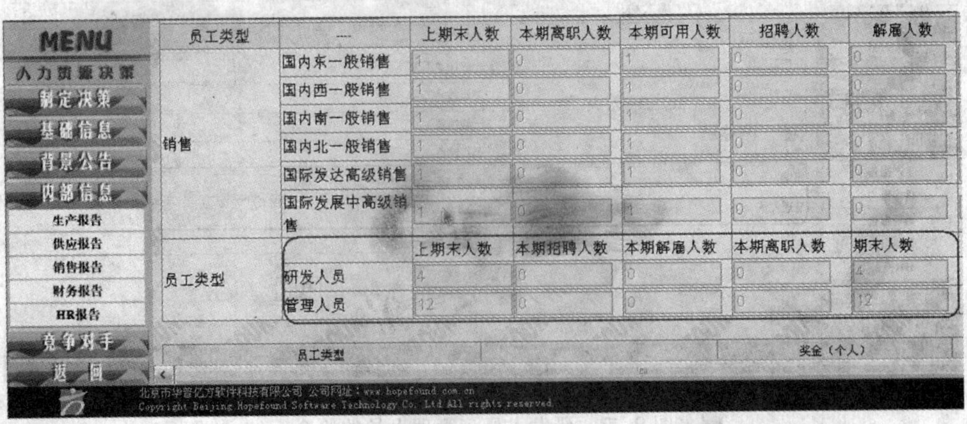

图 9－4　研发人员、管理人员的数量变化

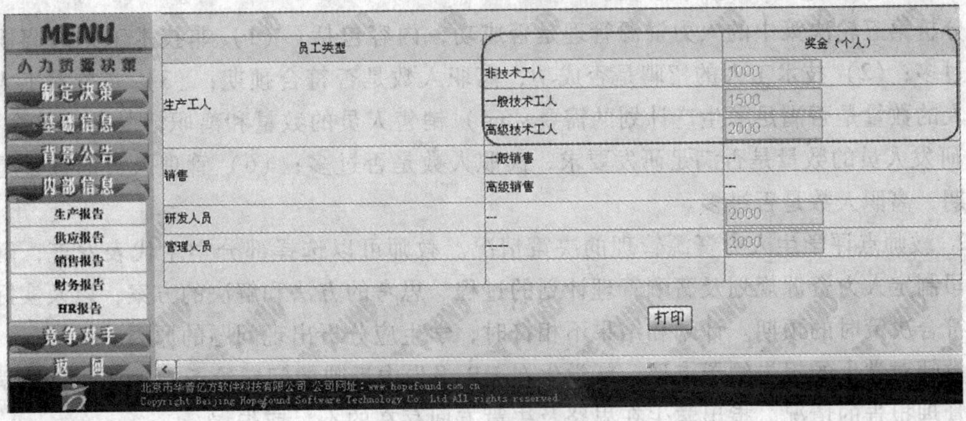

图 9－5　工人的奖金

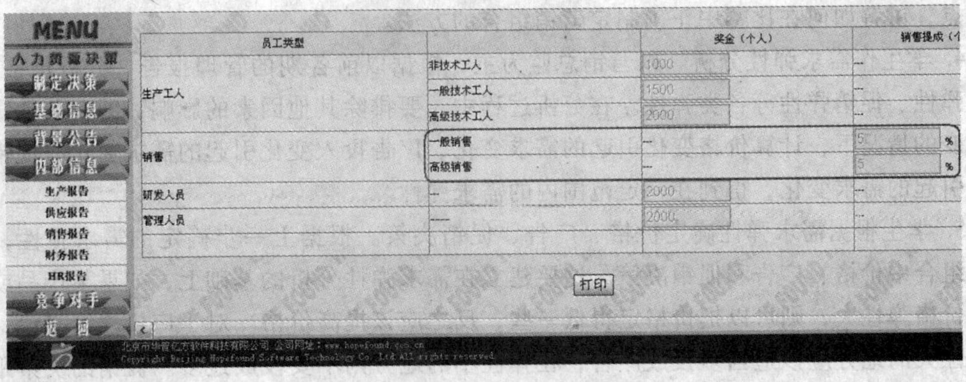

图 9－6　销售人员的提成比例

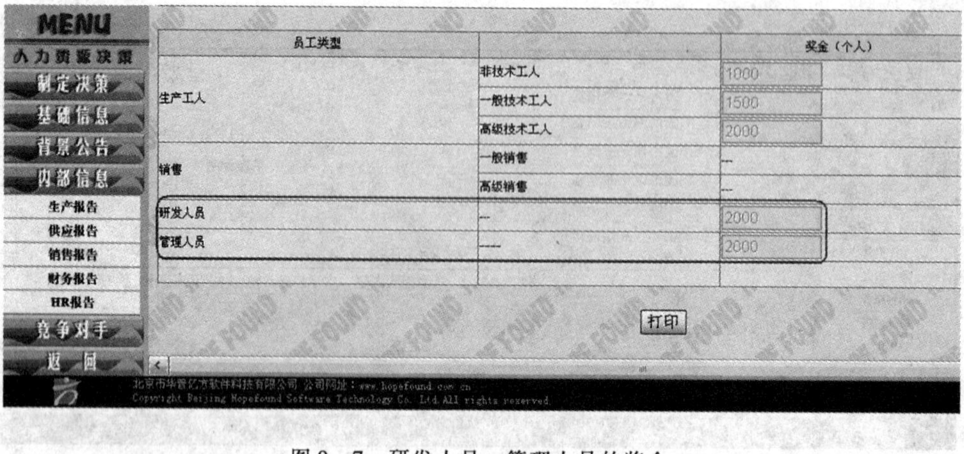

图 9－7　研发人员、管理人员的奖金

学生在公司内部讨论人力资源报告的结果与制定决策的预期是否有偏差，如果存在问题，需要共同找出原因并加以解决。

分析第五轮决策中的人力资源管理是否成功，内容包括：（1）非技术工人的离职人数是否过多；（2）技术工人的招聘是否成功，离职人数是否符合预期；（3）非技术工人和技术工人的数量是否满足了生产计划的需要；（4）销售人员的数量和离职情况是否符合预期；（5）研发人员的数量是否满足研发要求，离职人数是否过多；（6）管理人员的数量是否符合预期，离职人数是否过多。

2. 教师点评学生人力资源管理的决策情况。教师可以选择部分学生代表发言，阐述所在公司制定人力资源规划及薪酬管理计划的过程、思考的方法和解决的方案，以及实际结果是否符合决策时的预期。计划和结果不相符时，学生应分析出现问题的原因。

教师对学生的报告给予点评，就学生在 HR 报告中反映的问题给予指正，并总结学生第五轮管理报告的情况，指出学生在思路及决策方面存在的不足或失误。

3. 教师讲授市场营销管理的理论、方法。教师讲授有关市场营销的相关知识，重点为需求弹性和营销方案管理，可参考本节的理论知识。并根据本节的实验提示，结合模拟系统的特点，讲解如何在比赛中正确制定营销组合的方法。

4. 学生作需求弹性分析。以营销总监为主，根据以前各期的管理报告，分析价格弹性、广告弹性、促销弹性等各类弹性。在分析过程中，要排除其他因素的影响，即在其他影响因素不变的情况下，计算价格变化引起的需求变化、广告投入变化引起的需求变化、促销投入变化引起的需求变化，得到在一定范围内的需求弹性。

5. 学生根据需求弹性确定价格、广告、促销决策。根据上一步确定的需求弹性，制定营销组合中价格、广告和促销决策。这要建立在需求弹性分析的基础上，如果某产品或某市场的价格弹性大，则可以把价格定得低一些，反之应该提高价格。对于广告决策来说，在广告弹性大的地方应该适当多投放广告，在弹性小的地方则不要投放过多。促销的决策跟广告类似，根据各产品在各市场的促销弹性决定投放的力度。

决策确定后，营销总监进入【制定决策】→【价格】窗口，填写决策。在价格决策中，注意决策值是美元，如果想换算成人民币的价格，可以利用背景公告中的汇率值乘以国际市场的美元价格（见图 9－8）。

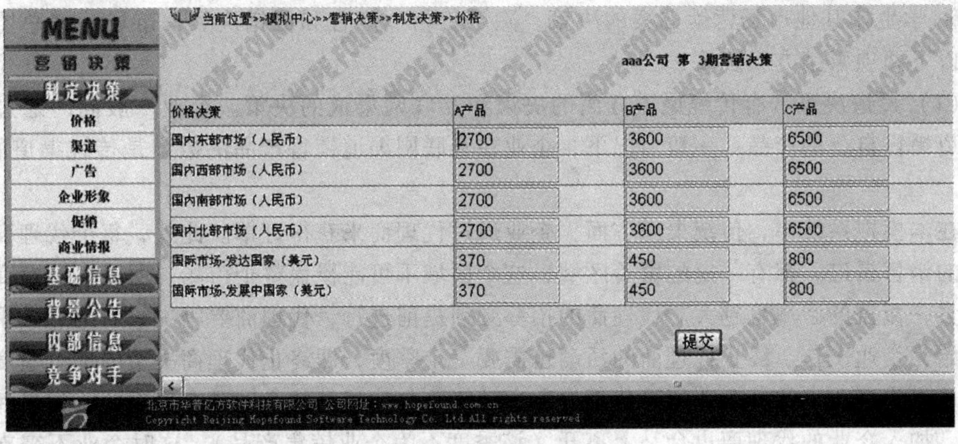

图 9－8 市场营销决策——价格

营销总监进入【制定决策】→【广告】，填写广告决策。在广告决策中，各产品在各市场的最大投入额是 50 万元（见图 9－9）。

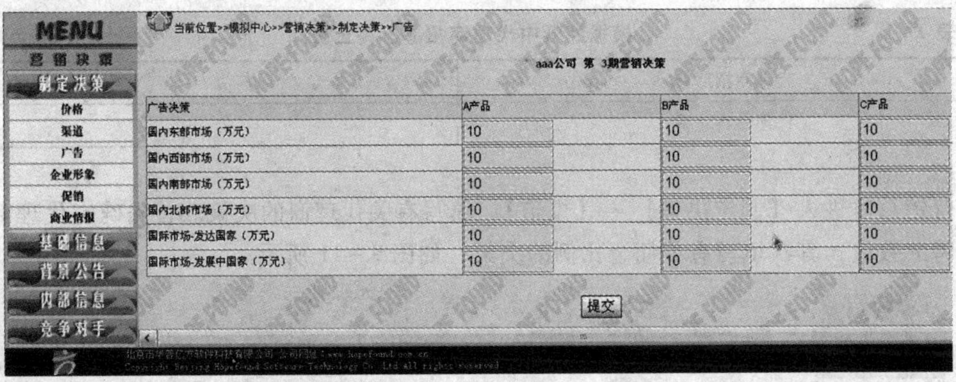

图 9－9 市场营销决策——广告

营销总监进入【制定决策】→【促销】，填写广告决策。在促销决策中，各产品在各市场的最大投入额是 50 万元（见图 9－10）。

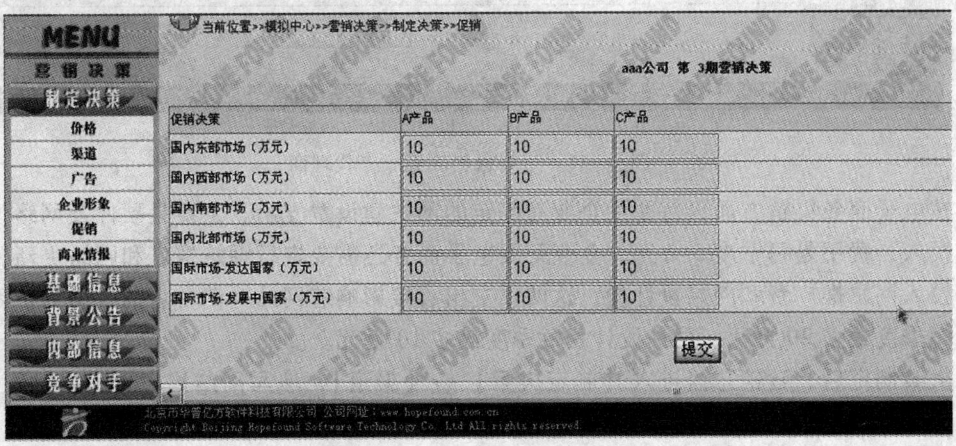

图 9－10 市场营销决策——促销

6. 学生作其他市场营销方案的决策。除了价格、广告和促销决策，市场营销总监还要制定以下两项营销方案决策：

（1）渠道决策，有传统渠道方面的决策和互联网渠道的决策。企业一般同时通过这两个渠道销售自己的产品。一般情况下，企业在互联网渠道销售产品的数量是传统渠道的1/4左右。

在本模拟系统中，传统渠道方面，企业通过代理商来获得订单。此外，每个代理商都有自己的销售渠道，都有一定的覆盖区域，这个区域不可能覆盖整个市场。所以，经销商的数量越多，覆盖的区域就越大。代理商的招募必须提前进行，代理商要等决策后的那个季度才能开始为企业工作。终止代理商的活动也需要一个季度，即终止代理商决策的那个季度，代理商还将为企业工作。企业招募代理商和主动终止与代理商的合同是有费用的。如果佣金过低，已加入企业的代理商也会马上离开（该季度不为企业销售产品），这时企业不需支付费用。退出市场时需要辞退所有的代理商。模拟经营中代理商招募、终止费如表9－1所示。给代理商的佣金还决定着他们的积极程度，佣金比例越高，代理商越可能主动开展工作，企业收到的订单也就越多。

表9－1　模拟经营中代理商招募、终止费　　单位：万元

代理商招募费	1
代理商终止费	1

营销总监进入【制定决策】→【渠道】，填写有关代理商的决策。首先确定代理商招聘或解聘的数量，其次填写有关佣金比例的决策，如图9－11所示。

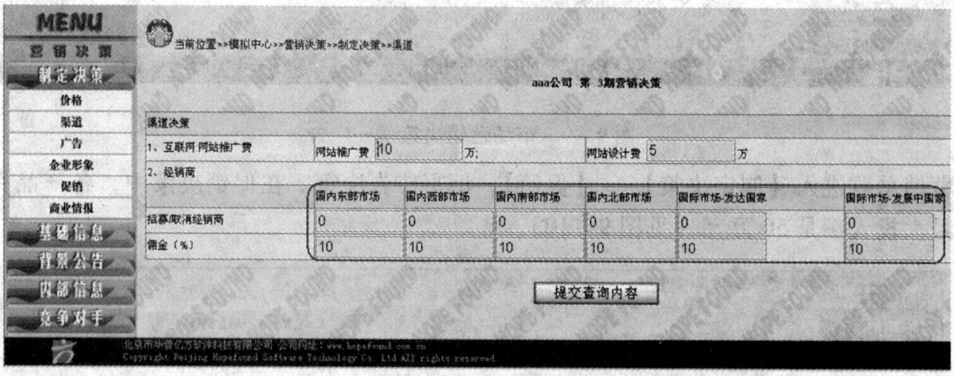

图9－11　市场营销决策——代理商

在电子商务渠道方面，每季度企业有固定的网站建设费支出，主要是硬件及网络设备方面的投入，费用是每季度5万元。企业开展电子商务还需要进行网站推广和网站更新，因此需要投入网站推广费和网站设计费，这两项支出直接影响着网站对消费者的吸引力。网站推广费每季度最多20万元，网站设计费每季度最多10万元。

决策制定后，营销总监进入【制定决策】→【渠道】，填写网站推广费和网站设计费，如图9－12所示。

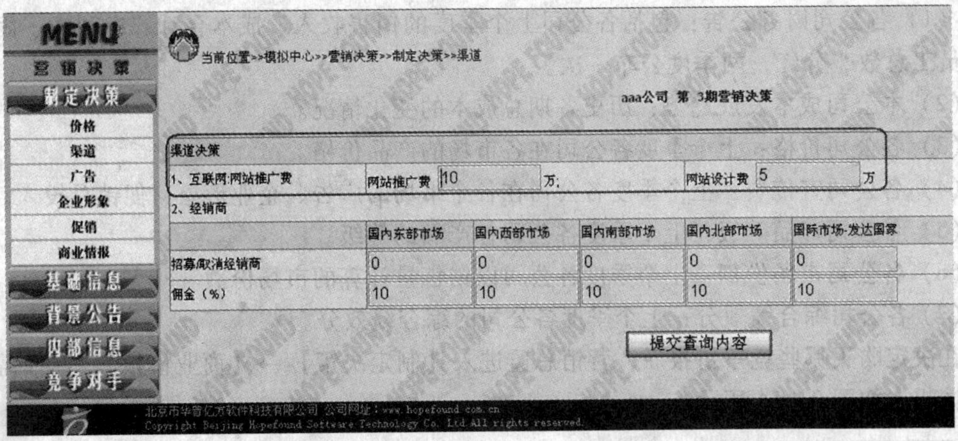

图9－12　市场营销决策——电子商务

（2）企业形象。企业形象在公众中的地位也影响着消费者选择该企业的产品。企业形象是一项长期的投入，短期效果并不太明显。

营销总监进入【制定决策】→【公司形象】，填写有关公司形象的决策，如图9－13所示。

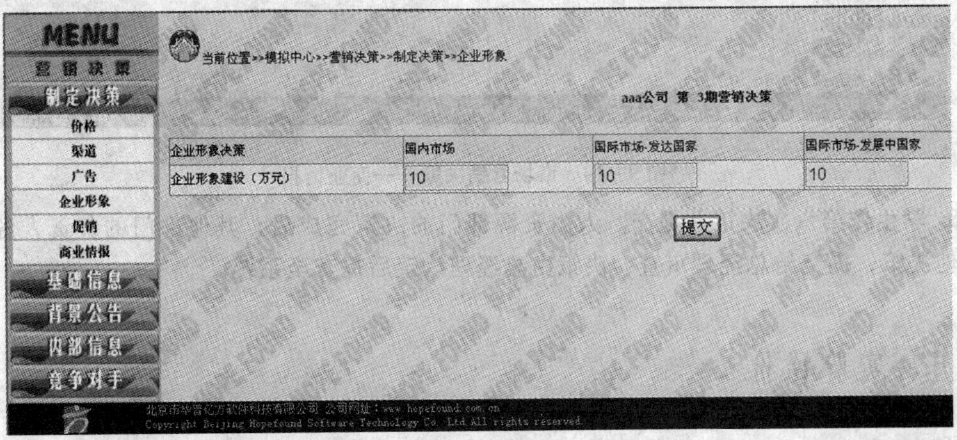

图9－13　市场营销决策——企业形象

7. 学生作商业情报决策。企业需要了解竞争对手的情况。本模拟中，每季度都发布一些上季度的行业竞争情况，其中，各公司的综合绩效分、各公司财务公告、本公司收入发展趋势、本公司成本发展趋势是免费信息，其余是付费信息（见表9－2）。

表9－2　　模拟经营中付费信息价格表

名　称	费用（万元）
产品价格	5
产品等级	5
市场份额	10
广告投入	10

（1）各公司财务公告：包括各公司上个季度的销售收入、成本合计、净利润、固定资产、员工总数、分红，两季度公布一次。

（2）本公司成本发展趋势：历史各期总成本的变化情况。

（3）各公司价格：上个季度各公司在各市场的产品价格。

（4）各公司宣传费：上个季度各公司在各个市场的广告、企业形象、促销总投入。

（5）各公司产品等级：上个季度各公司各产品的等级。

（6）各公司市场份额：上个季度各公司以销售量计算的市场份额。

（7）各公司综合绩效分：上个季度各公司的综合绩效分。

在决定购买哪些竞争情报后，营销总监进入【制定决策】→【商业情报】，选择需要购买的情报，如图 9－14 所示：

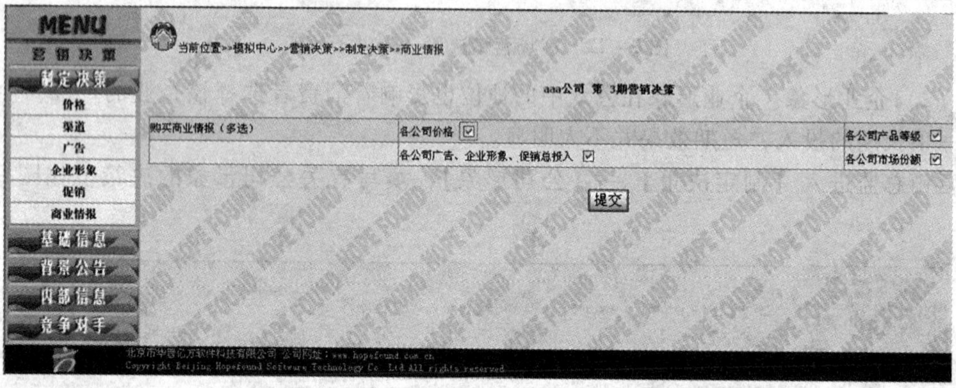

图 9－14 市场营销决策——商业情报

8. 学生作第六次决策并提交。人力资源部门的决策完成后，其他部门的负责人各自完成其他决策，提交给总经理审查，决策由总经理认定后提交至系统。

五、实验评价

1. 学生对市场营销管理的掌握。每个队由总经理组织撰写市场营销管理报告。报告中要写明以下几点：

（1）需求弹性的估算。根据前面几轮的管理报告，估计各产品在各市场的需求弹性（包括价格、广告、促销等在某个范围内的弹性）。

（2）制定市场营销组合及其依据。如何根据市场需求弹性制定营销方案，确定营销组合的考虑因素及最终确定的营销组合。

（3）估计市场营销组合市场对需求的影响。先根据第五章的内容估计外部环境对市场需求的影响，再逐一分析各产品在各市场的产品价格、广告、促销、企业形象、代理商、电子商务渠道建设、销售人员、销售管理、产品质量、产品等级、市场份额、未交订货对订货量变化的影响，综合各项因素，最终估算出各产品在各市场的订货量。

教师可根据学生撰写供应管理报告的认真程度、人力资源规划的正确程度、薪酬激励计划的合理性给各队打分。

2. 学生完成第六轮决策。市场营销部门完成决策后，其他部门按照分工完成各部门的决策，最后由总经理提交决策成功，即完成第六次决策的制定和提交。

六、实验提示

1. 第五轮管理报告的点评。教师根据学生的人力资源管理报告和第五轮管理报告进行点评。

针对学生的人力资源管理报告，教师考察学生是否掌握了人力资源规划的基本知识和方法，能否根据生产计划提供足够的工人（包括非技术工人和技术工人），是否能根据营销计划制定营销人员的人力资源规划以及研发人员、管理人员的人力资源规划，并根据人力资源规划采取适当的薪酬和激励策略。

2. 本模拟软件营销组合对需求的影响。除了环境对企业产品需求的影响，企业制定的市场营销决策直接影响着订货量的变化，包括产品价格、广告、促销、企业形象、代理商、电子商务渠道建设、销售人员、销售管理、产品质量、产品等级、市场份额、未交订货等。

（1）产品价格。参赛者对每种产品在每个市场可以采取不同的定价。三种产品均为价格敏感类商品，而且降低价格将带来需求的增加，而提高价格会使需求减少。但价格的影响对于不同产品、不同市场可能是不同的，而且价格低到一定程度或高到一定程度时，消费者对价格的敏感程度也随之降低。

（2）广告。企业可在市场投放产品广告，引发消费者的购买欲望。每种产品在每个市场投放广告的效果可能是不同的。产品的广告可能有滞后作用，就是说本期投放产品广告的部分效果可能在后面的季度才有体现，而且广告也存在效益递减，即广告越多，广告的作用和影响也随之减少。

（3）促销。促[illegible]是企业常用的营销手段之一。促销的投入增加将使消费人数上升，订货量增加。每种[illegible]市场进行促销的效果可能是不同的，促销也存在效益递减。

（4）企业形象。企业还可以通过参加各种社会活动、公益活动提升企业形象。公司良好的形象也会增加消费者的好感，促进产品的销售。公司形象对各地方产品需求的提升作用可能不同。公司形象的影响可能存在一定的滞后现象，而且也存在效益递减。

（5）代理商。代理商是否愿意为企业工作依赖于企业给代理商的支持政策，即佣金的高低是代理商考虑的因素。提高代理商的佣金可调动其积极性，企业会接到更多的订单。另一方面，代理商覆盖区域越大，获得的订单数量就会越多。由于代理商的覆盖区域会有一定的交叉，因此在一个区域中，一两个代理商不能覆盖整个市场，需要多个代理商才能让企业的产品销售到这个区域的各个地方。

（6）销售人员。销售人员将从企业获得提成，按照销售收入的一定比例获得收益。企业给销售人员的提成越高，销售人员的工作热情就越高，将为企业带来更多的订单。

（7）互联网渠道。企业开展电子商务还需要进行网站推广和网站更新，因此需要投入网站推广费和网站设计费。这两项投入能够吸引更多的消费者浏览网站，进而购买产品。因此，网站推广费和网站设计费投入越多，互联网渠道销售的情况就越好。

（8）销售管理。销售管理水平的高低对企业销售也有一定的影响。本模拟系统中，销售管理人员越多，意味着销售管理得越好。

（9）产品质量。高质量的产品容易得到消费者的认可，在相同价格下，质量高的产品销量相对较大。组装工人的奖金越高，工作认真程度越高，会提高产品的质量。

（10）产品等级。更新换代后产品由于具备更好的性能，将比低等级产品更容易获得消费者的青睐。

（11）市场份额。市场份额是消费者考虑购买商品时的一个要素。市场份额的计算是按照企业的销量计算的。某企业产品的市场份额越大，越可能获得更多的订单。

（12）未交订货。企业的供货能力也影响到企业的销售。缺货会给企业的市场形象带来负面影响，顾客可能因为购买不到产品而转向其他企业。消费者想购买某企业的产品但遇到数量不足的情况时，一部分消费者会选择预订，允许企业在下个季度交货；而另一部分消费者则选择放弃购买或转向购买其他企业的同类产品。

第十章 财务管理及第七次决策

一、实验目的

1. 学生掌握财务管理的相关理论知识，重点是成本与利润计算、资金预算。

2. 通过教师对学生的生产营销管理报告的点评，加深学生对市场营销管理的理解。

二、实验准备

1. 实验资料的准备——生成第六轮管理报告。教师进入【教师中心】，在【模拟比赛】→【比赛管理】中点击“下一轮”按钮，让系统处理学生的第六轮决策，生成第六轮管理报告。详见第四章的实验提示。

2. 教师授课内容的准备。

（1）报告的点评。教师给每个队打印一份第六轮管理报告，在课堂上交给每个公司的总经理。教师事先浏览学生的报告，总结学生第六轮决策的表现。

（2）课件的准备。教师准备财务管理理论知识的课件，可参考本章第三部分。教师还应研究本模拟软件中在财务管理方面的模拟要点与规则，在课堂上指导学生。详细内容可参考软件中的“财务规则”部分。

三、理论知识

（一）公司财务管理

财务管理是研究企业货币资源的获得和管理，即研究企业对资金的筹集、计划、使用和分配，以及与以上财务活动有关的企业财务关系。

企业的经营活动脱离不了资产，长期资产如建筑物、设备和各种设施，短期资产如存货、现金和应收账款。企业可从自身经营所得中提取资金用于再投资，也可以从金融市场上以一定的价格发行股票、债券或向金融机构借贷获取资金。企业的财务管理人员在筹集资金过程中要研究和设计最优的筹资方案，使企业筹资的成本最小，所筹集的资本能发挥最大的效益，从而使企业创造的价值达到最大。

企业资本和资产的有效运用与所投资的项目，包括实物资产、技术和人力资源的投入和产出是否经济、合理，投资收益是否高于成本，风险如何补偿等问题有关。企业的投资决策正确与否直接影响其未来的净现金流量，亦即影响其资产的增值。所以，投资决策也是财务管理中研究的重要问题。

财务管理的内容分为资产管理和资本管理两大部分，每部分又可按长期和短期划分，因此有以下内容组合：

1. 长期投资决策。分析和判断企业的长期资产是否应该购置，旧资产是否应该更新。计算新购置资产的成本支出及其对企业价值的贡献，资产的风险如何，最后做出长期投资决策，即企业新建和扩建项目以及更新改造项目应该接受还是舍弃。在财务管理中，这部分内容称为资本预算决策。

2. 长期筹资决策。企业长期投资的资本从何而来？是发行普通股票还是债券，筹资的成本是多少？企业的债务和股本的比例应该定为多少才合理？企业优先从内部筹资好还是从外部筹资好？要回答以上问题，就必须对企业的各种筹资手段和获得资本的途径、方法有所了解。其次要研究资本成本和资本结构，研究股息策略，最终找出最优的筹资方案，使企业付出的筹资成本最少、企业价值最大。

3. 流动资产管理。企业短期流动资产包括现金和有价证券、应收账款及存货。提高短期资产的运转效率，合理控制流动资产和流动负债的数量及其搭配，可增加资产的流动性，使短期资本得到有效利用，降低企业风险。

4. 财务计划。财务计划是对未来几年企业财务状况的预测，即编制企业的财务预算。通过计划的制定，可预知将来的资金需求量、利润水平及借款数量，以此作为将来企业财务活动的依据。

（二）金融市场

金融市场大体上可分为两个类型：资金市场和资本市场。资金市场是一年期以内的短期资金借贷市场，在资金市场上交易的有：（1）短期政府国库券；（2）短期拆借，专业银行调剂头寸的资金市场；（3）银行发行的可以流通的短期有息存单或债券；（4）商业票据，由良好信用等级的工商企业发行的短期债券；（5）银行承兑汇票，在国际贸易中常用的一种可流通的银行保付信用票据；（6）购买和转卖协议，一个银行或政府债券经纪人与其他机构的一种交易，这些机构在购买政府债券的同时，安排在一个约定的时间由银行或证券商购回这些债券。资金市场还包括这样一些证券，这些证券原发行的期限是一年以上的，但现在距到期只有一年或不到一年时间。当今任何一个国际型企业都可以在世界性资金市场上方便地筹集到需要的短期资金。

与短期资金市场相对的是资本市场，它是一个长期的债券和股票市场。资本市场中包括以下品种：（1）长期政府债券；（2）各种形式的公司债；（3）企业发行的普通股票和优先股票。构成资本市场中有价证券的首要特征是它们存续期都在一年以上。

（三）资本成本

企业使用资本必须付出代价，这一代价称为资本成本。为使企业价值最大化，除企业的生产和经营成本支出要最小外，资本成本也应达到最小。在企业财务管理中，资本成本的计算和确定十分重要，它体现在两方面：

1. 在企业的长期投资决策中，必须以资本成本作为折现率来计算现值。投资项目的取舍取决于项目的投资收益率是否大于筹资的资本成本。

2. 企业的资本有多种来源，如股票、债券，长期和短期贷款，不同资本的数量及其成本的大小会影响企业总的资本成本，企业筹措资金时要进行资本成本的估算，以便找到使企业筹资成本最小的筹资方案。企业财务管理中所说的资本是指企业为购置资产和日常经营所需要的资金。企业的资金来源于资产负债表右边的各项，即短期负债、长期负债、优先股和普通股权益。

（四）现金流量估算

在资本预算中，对项目作投资决策的主要依据是项目的现金流量。投资决策是事前决策，所有的现金流量都发生在将来，因此必须对项目的投资支出、销售量、销售价格、生产成本等作预测，估算出项目的现金流量。这一预测工作是资本预算中比较困难而又十分重要的工作。企业未来面临的政治、经济环境、市场和竞争对手都会不断变化，认真调查研究，分析有关资料，把现金流量的估算建立在科学预测的基础上是作好资本预算首要的一步。

（五）筹资管理

企业为长期投资项目筹集资金有多种渠道和方式，如债券、普通股、优先股和选择权等。企业筹集的资本中各类资本所占的比例构成了企业的资本结构，也就是我们在资本成本计算中所用的“权数”。资本结构变化，即“权数”的变化，会引起加权平均资本成本的变化，从而影响投资决策。同时，企业资本结构的不同，特别是债务占总资本比例的大小，直接影响到企业所面临的经营风险，进而影响企业股票的价格。因此，企业筹集资本时要做资本结构决策，对所筹集不同资本的数量比例引起的企业风险和收益作分析和估计，找出一个合适的比例，使企业的价值最大、资本成本最小。

（六）财务杠杆

1. 经营风险。企业的所有资本可归纳为两种：债务资本和权益资本。在无负债、无税收的情况下，企业经营的净现金流量全部归股东所有。企业无债务引起的风险，只有因经营环境和经营策略改变而引起的风险。我们把企业在无负债时未来利息和税前收益（EBIT）的不确定性称为经营风险。它可以用企业 EBIT 的概率分布来描述。我们把企业固定成本占总成本的比例称之为经营杠杆。在企业经营的其他因素不变时，经营杠杆大的企业，销售额的下降会导致利润的大幅度下降。

2. 财务风险和财务杠杆。当企业有负债、租赁和优先股时，债务利息、租金和优先股息等固定支出将会影响企业的税后利润，使普通股的每股收益 EPS（earnings per share）发生变化。我们把企业资本结构中长期债务的运用对每股收益的影响称之为财务杠杆，把企业由于举债筹资而增加的普通股股东的风险称之为财务风险。当企业 A 的债务增加、权益资本下降时，财务杠杆作用增大，每股收益随利税前收益变化而产生的波动加大，财务风险增加。

企业运用财务杠杆后，每股收益的波动大于利税前收益的波动，而利税前收益的波动主要是由销售量的波动引起的，这又与经营杠杆有关。经营杠杆和财务杠杆的联合作用使销售量的波动经过两级放大，对每股收益产生更大的振荡。

（七）股利政策

投资收益分为资本利得和股息。资本利得与公司未来的增长潜力有关，公司的盈利用于分红的越多，则公司用于再投资的钱就越少，以后的发展潜力会受影响，又会影响以后股东股息的稳定增长，股票价格的增长幅度很小，甚至可能会跌落。制定公司的股息政策，就要使投资者在取得当前股息与将来增长之间取得较好的平衡。

（八）营运资本管理

营运资本是指投入于流动资产的那部分资本。流动资产包括现金和有价证券、应收账款和存货，是企业从购买原材料进行生产直至销售产品收回货款这一生产和营销过程中必需的资产。企业流动资产所占用的资金一部分来源于长期资本——股本和长期负债，更多的来源于短期负债，即期限小于一年的流动负债，包括短期借款、应付账款、应付票据和应计未付款（如应付税款和工资等）。流动资产减流动负债称为净营运资本。净营运资本的大小会影响企业的收益和风险。在企业的日常财务管理中，营运资本的管理占有重要位置，财务经理约有 60% 的时间用于短期决策。企业的营运资本决策包括两个方面：确定流动资产中各项资产的目标水平以及决定流动资产的筹资方法。作出这些决策所依据的原则构成了营运资本政策。营运资本的管理就是在政策的指导下，实施对流动资产和流动负债的管理。

通过企业的现金流动可分为两部分，与企业长期资本有关的现金流动包括企业投资盖新厂房和购置新设备或收购其他企业，必须作资本预算和投资决策。筹集投资所需资金则与资本成本、资本结构决策及股息政策有关。涉及到企业的日常经营活动，由企业的采购、生产、销售而引发的现金支出和货款回收，由信用销售造成的应收账款，以及由于生产和销售需要而设置的存货，构成了流动资产的管理。短期流动资金的筹集以及到期的各种短期证券和债务成本总的支付构成了流动负债的管理。营运资本的管理决策不像长期投资或筹资决策，一旦决策错误对企业有致命影响，但由于营运资本的流动性和变现性强，而且它直接关系到企业每日的生产和经营过程，若现金周转不能顺利进行，或周转正常但付出的代价过高，也会直接影响企业的经营效益，必须予以重视。

现金是企业流动性最强的资产，包括货币以及类似货币的可作为支付工具的资产，一般是指现金和银行存款。现金是非收益性资产，用以支付工资、原材料货款、税款、股息和贷款利息，还用以购置固定资产及偿还贷款本金。然而现金本身没有利息或利息很少。因此，只要不影响企业的运营，企业的现金持有量应尽量减少到最低程度。这就是现金管理的目标，一旦企业需要时能立刻获得现金，若现金多余时又能及时投资取得合理的收益。

（九）现金预算与短期债务

现金预算是企业财务预测和财务计划的重要内容。现金预算显示企业的资金周转状况，根据各项费用支出和付款期限，确定现金支出额和支出时间，同时根据销售额和应收账款的延迟，确定现金收入额和流入时间，按月编制。现金预算表显示了企业未来数月或一年中现金的余缺，预测了下一季度或年度现金的需求量和可用于短期投资的现金盈余。预算期为一年或一年以上、按月编制的现金预算用于财务计划，以便估计企业因营运资本增长而产生的现金量，以及在某时、某种因素影响下企业需要动用的现金量。这种较长期的现金预测中可以看出企业增长的影响，包括企业发展走势、开发新产品、添置新设备和筹资方式对现金管理决策的影响；按周或按日编制的短期现金预算则分析短期内现金的收支情况，用于控制实际现金的运用。现金预算建立在销售预测基础之上。企业根据过去的销售经验、对未来经济形势的预测以及市场调查的资料估算未来的销售量和销售价格，得出每月的销售额；然后计算因销售量变动而产生的原料费、人工费、销售及管理费等各项现金支出额，以此作为编制现金预算的依据。

企业对资金的需求通常并不稳定，有一定的周期性或者说具有波动性。当企业预测未来的资金需求将下降时，或由于经营活动的周期性或季节性而出现资金需求时，短期融资是解决这些资金需求的一个较佳途径。短期融资是支持企业流动资产的资金来源。

四、实验操作

本章实验流程见图 10－1。

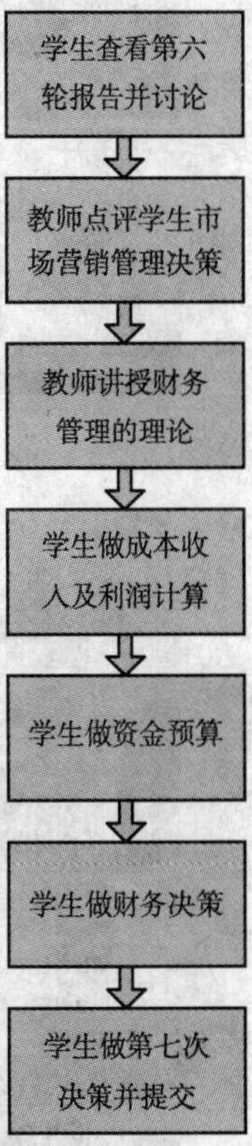

图 10－1

1. 学生查看第六轮报告并讨论。学生使用自己的用户名和密码进入模拟大厅，选择自己的角色进入决策界面。这时，在【内部信息】中就可以查看第六轮的报告。在【背景公告】的【经济形势】中，可看到当前的经济环境状况、汇率情况。学生进入【内部信息】，重点查看【销售报告】。销售报告的信息包括以下部分：

产品销售情况：上上个季度未交订货的交货情况，上季度新订单情况及交货情况，销售价格。

市场库存变化：上季度初各市场库存、销售量、上季度末各市场库存。

市场促销投入：公司形象、广告投入、促销投入。

渠道情况：代理商的数量变化。

返修情况：产品返修数量。

销售报告如图 10－2 至图 10－8 所示。

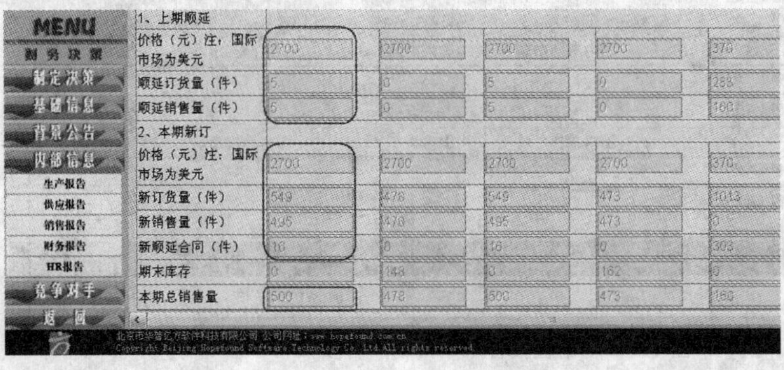

图 10－2　销售报告——产品销售情况

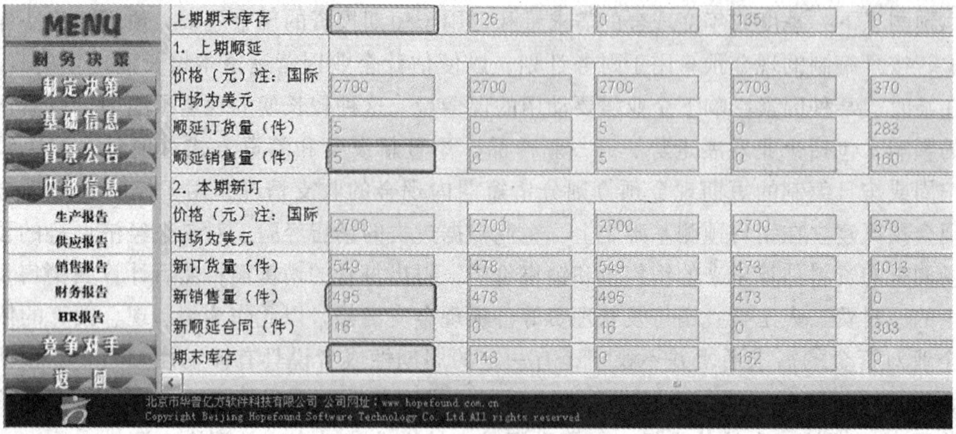

图 10－3　销售报告——市场库存变化

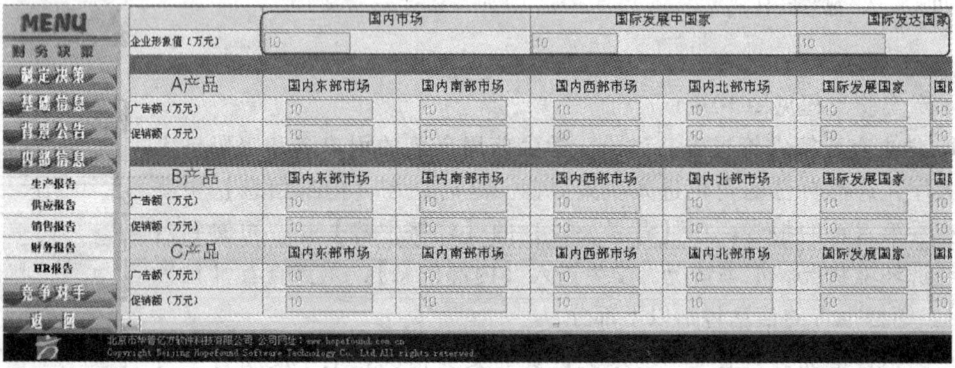

图 10－4　销售报告——企业形象投入

图 10－5　销售报告——市场广告投入

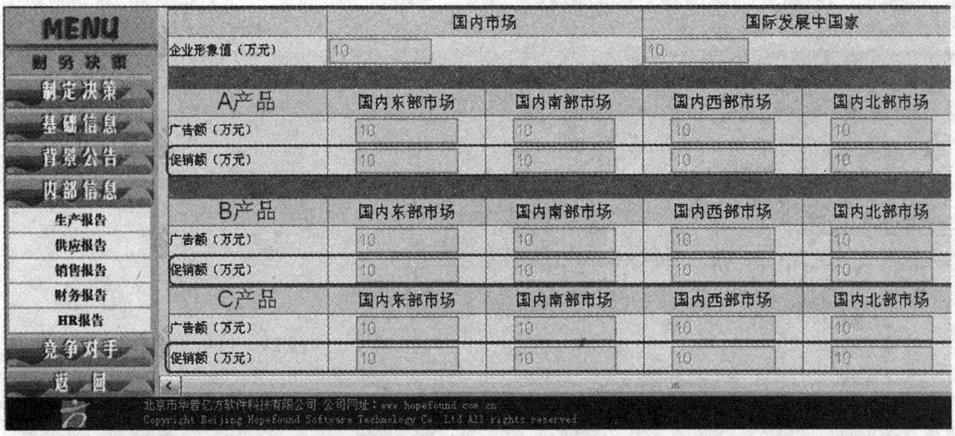

图 10－6　销售报告——市场促销投入

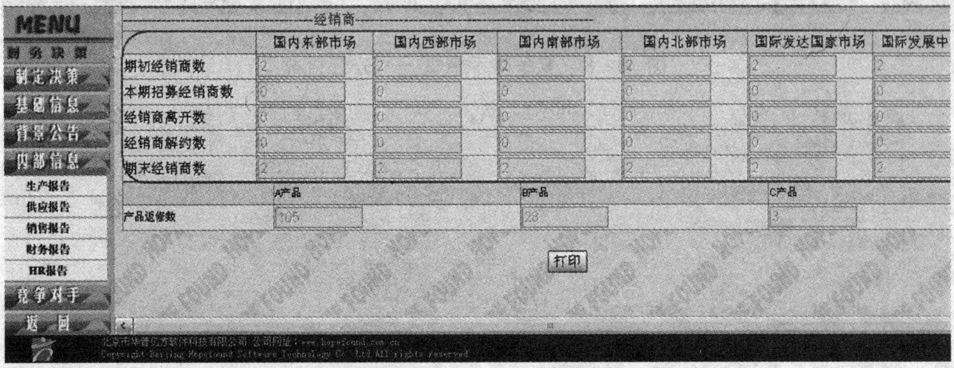

图 10－7　销售报告——代理商情况

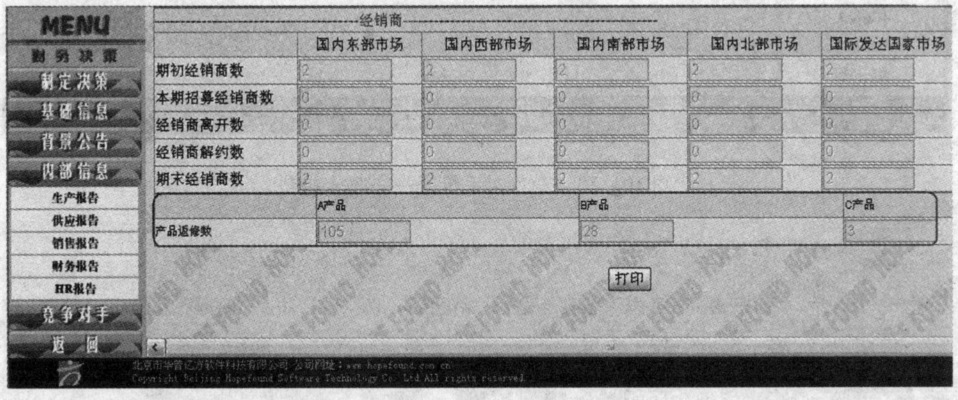

图 10－8　销售报告——产品返修情况

在【竞争对手】中，可查看行业内各公司的【分红情况】、【收入趋势】、【产品价格】、【市场投入】、【产品等级】、【市场份额】和【综合评分】。综合评分就是评价企业经营业绩的综合绩效分。分红和收入情况是免费信息，每两轮决策公布一次。其他四个为收费情报，如果上季度决策时没有购买，则看不到信息。

竞争情报如图 10－9 至图 10－15 所示。

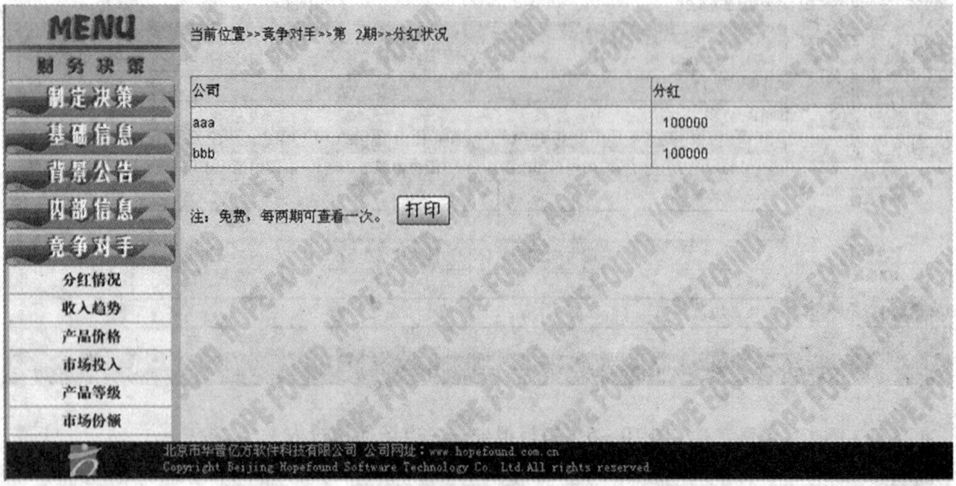

图 10－9　竞争对手情报——分红情况

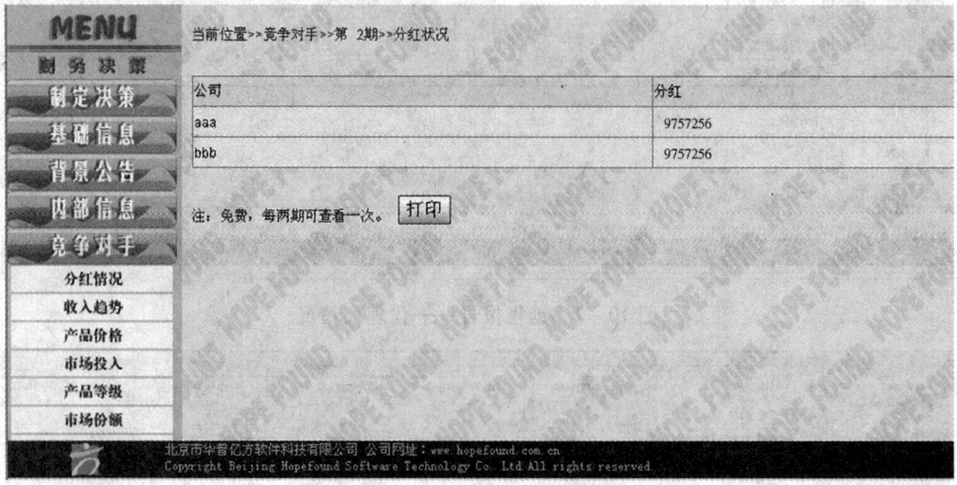

图 10－10　竞争对手情报——收入趋势

图 10－11　竞争对手情报——产品价格

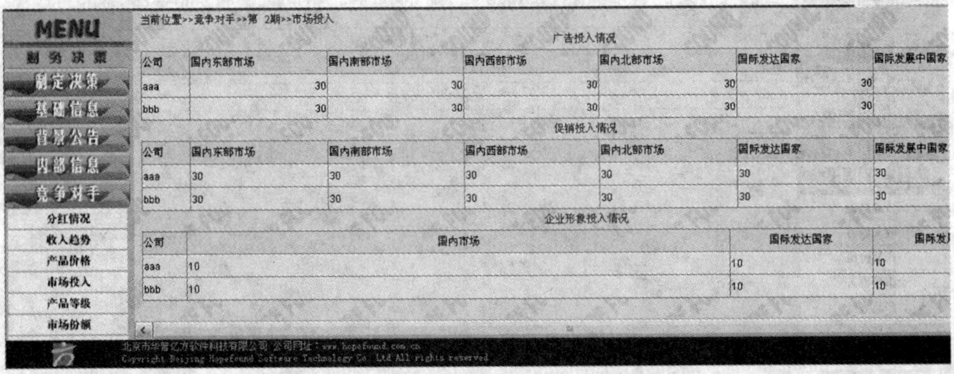

图 10－12　竞争对手情报——市场投入

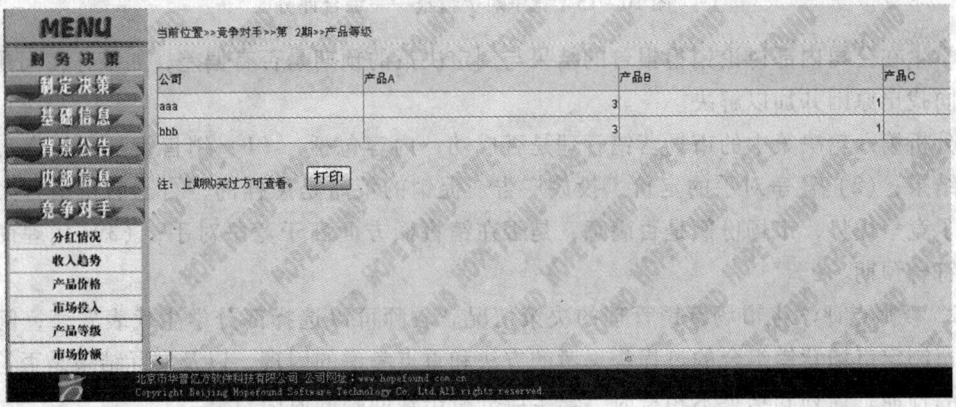

图 10－13　竞争对手情报——产品等级

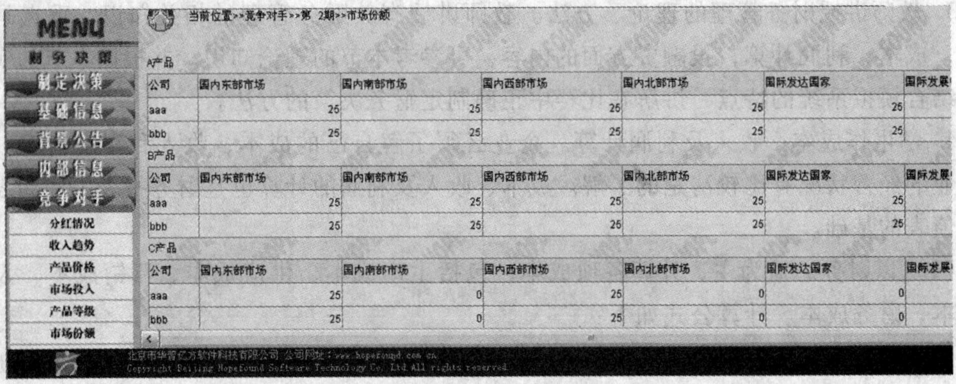

图 10－14　竞争对手情报——市场份额

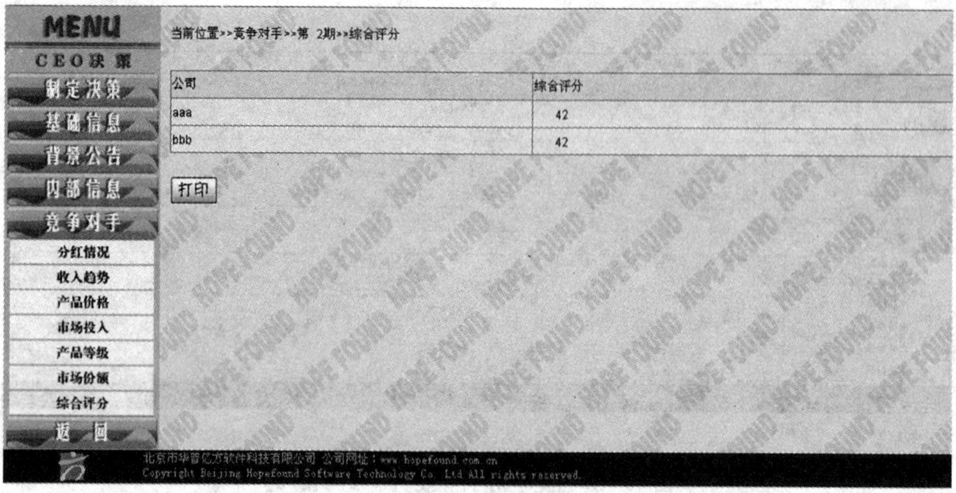

图 10－15 竞争对手情报——综合评分

学生在公司内部讨论销售报告的结果与制定决策的预期是否有偏差，如果存在问题，需要共同找出原因并加以解决。

分析第六轮决策中的市场营销管理是否成功，内容包括：（1）销售量是否符合市场预测的结果；（2）竞争对手的定价、投放广告、促销的策略是怎样的，自己的营销方案是否取得了竞争优势，市场份额是否满意，是否在销售额方面高于竞争对手；（3）代理商招募是否符合预期。

2. 教师点评学生市场营销管理的决策情况。教师可以选择部分学生代表发言，阐述所在公司制定市场营销组合的过程、思考的方法和重点考虑的因素，以及实际结果是否符合决策时的预期。计划和结果不相符时，学生应分析出现问题的原因。

教师对学生的报告给予点评，就学生在营销报告中反映的问题给予指正，并总结学生第六轮管理报告的情况，指出学生在思路及决策方面存在的不足或失误。

3. 教师讲授财务管理的理论、方法。教师讲授有关财务管理的相关知识，重点是资金预算，成本、利润计算，投融资方面的内容，可参考本节的理论知识。并根据本节的实验提示，结合模拟系统的特点，讲解在比赛中正确制定财务决策的方法。

4. 学生作成本、收入及利润计算。企业必须了解自己的成本、收入和利润情况，才能对企业的经营状况有比较清楚的了解。成本、收入及利润的计算也是财务报表中利润表和资产负债表的基础。

（1）以财务总监为主，计算各项成本，包括生产成本、供应成本、营销成本、人力资源成本、财务成本。计算公式如下：

生产成本＝厂房使用费＋厂房租赁费＋生产线运行费＋生产管理费＋生产线折旧＋生产线维护费＋研发费

供应成本＝原材料采购费＋成品购入费＋原材料运输费＋产品运输费＋原材料仓储费＋产品仓储费

销售成本＝广告费＋促销费＋企业形象费＋代理商管理费＋代理商佣金＋互联网贸易费＋销售人员提成＋产品保修费＋商业信息费

人力资源成本＝非技术工人人事管理费＋技术工人人事管理费＋销售人员人事管理费＋研发人员人事管理费＋管理人员人事管理费

财务成本＝财务管理费＋短期贷款利息＋长期贷款利息＋股票上市发行费

（2）以财务总监为主，计算各项收入。本系统中企业的收入包括销售收入和利息收入。计算公式如下：

销售收入＝各市场销售额之和

利息收入＝国债利息收入

如果是计算下季度的财务报表的预测，销售量是估计值，因此销售收入也是估计值。

（3）利润计算。先计算企业的毛利润，再计算应缴税，之后计算净利润。计算公式如下：

毛利润＝企业总收入－企业总成本－期初库存价值（原材料和产成品）＋期末库存价值（原材料和产成品）

应缴税＝毛利润×税率

净利润＝毛利润－应缴税

当期留存公积公益金＝净利润×10%

未分配利润＝净利润－当期留存公积公益金－当期分红

5. 学生做资金预算。在财务管理中，资金是相当重要的。做现金预算是掌握企业资金状况的重要手段，也是制作现金流量表的基础。首先计算现金流入，再计算现金流出，还要计算一个特殊的项目——短期贷款。另外，要计算资产负债表中的借方和贷方。

（1）现金流入，包括以下几项：

销售回款＝当期销售收入×70%＋上期销售×30%

售出资产＝售出厂房与生产线价值之和

投资返回＝购买国债本金

利息收入＝购买国债利息

长期贷款＝长期贷款金额

短期贷款＝短期贷款金额（此项为系统自动贷款，估算方法见第3小项）

（2）现金流出，包括以下几项：

营运支出＝企业总成本－生产线折旧－当期保修费－当期原材料和产品仓储费－当期原材料期货采购费×50%＋上季度保修费＋上季度原材料和产品仓储费＋上季度原材料期货采购费×50%

购置资产＝厂房和生产线的购置费

返还贷款＝上季度短期贷款本金

利息支出＝上季度长期贷款的利息＋上季度短期贷款利息

缴所得税＝应缴税

红利支出＝分红

购入投资＝购买国债

（3）净现金流量。

净现金流量＝现金流入－现金流出

（4）短期贷款。短期贷款属于应急性的贷款。在模拟的各周期中，每当企业资金计划出现问题、在获得销售回款之前发生资金短缺时，银行自动给予补足，这时就出现了短期贷款，短期贷款无法由企业安排。出现短期贷款后的下一季度初，银行就自动从企业货币资金账户中扣除短期贷款的本金和利息。短期贷款利息比较高，具有惩罚性质。现金收入和支出的顺序如表 10 –1 所示。

表 10 –1　虚拟企业现金收入和支出顺序

	收入或支出	现金余额
期初现金		
＋新增长期贷款		
偿还上期短期贷款及利息		
偿还上期长期贷款利息		
生产支出		
供应支出		
营销支出		
人事支出		
研发支出		
财务支出		
＋新增短期贷款		
＋销售回款		
＋资产售出收入		
＋上期国债本金及利息		
企业所得税		
购置资产支出		
分红		
购买短期国债		
期末现金	—	

预计短期贷款，需要计算短期贷款发生前的各项现金收入和支出，现金缺口就是短期贷款的数额。

6. 学生作财务决策。

（1）长期贷款决策。企业资金不足的时候要首先考虑使用长期贷款这种融资手段，它的好处是短期内不用归还，而且利息相对短期贷款来说比较低，从融资角度讲，资本成本相对不太高。因此，通过资金预算来估算现金的缺口，再进行长期贷款的决策，季度初企业就可获得贷款。长期贷款的本金不需要归还，但每季度需要支付利息。长期贷款的利息可以在【背景公告】中查看，给出的是年利息。

但长期贷款是有限的，企业的长期贷款有信贷额度的限制，为企业上季度末净资产的一半。因此长期贷款不足时，可以依靠资本成本较高的短期贷款来暂时弥补资金的不足。

决策确定后，财务总监进入【制定决策】→【贷款】窗口填写决策，如图 10 – 16 所示。

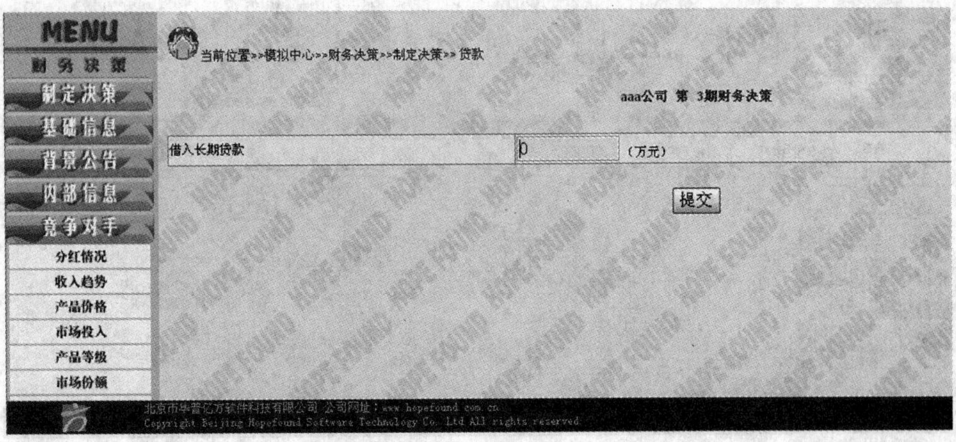

图 10－16　财务管理决策——贷款

（2）债券投资决策。企业闲置的资金应该充分利用以获得收益，一般企业都会用于其他投资。在本系统中可以通过购买短期国债获得收益。在做出国债投资决策的季度末购买，在下一季度企业收回本金并获得利息。短期国债的利息可以在【背景公告】中查看，给出的是年利息。

决策作好后，营销总监进入【制定决策】→【债券】中填写决策，如图 10－17 所示。

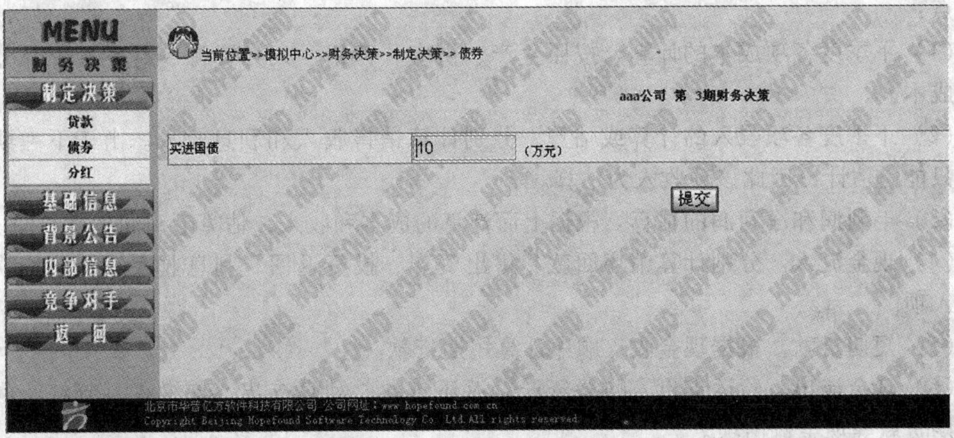

图 10－17　财务管理决策——债券

（3）股利决策。股东投资企业的目的是获得一定的回报，因此企业必须考虑向股东发放股息，即制定一个适当的股利政策。本系统中，每个季度企业都可以拿出一定的现金向股东发放股息，但不得超过当期的留存储备金，并且需要有足够的现金。

制定股利政策后，营销总监进入【制定决策】→【分红】，填写决策，如图 10－18 所示。

7. 学生作第七次决策并提交。财务部门的决策完成后，其他部门的负责人各自完成其他决策，提交给总经理审查，决策由总经理认定后提交至系统。

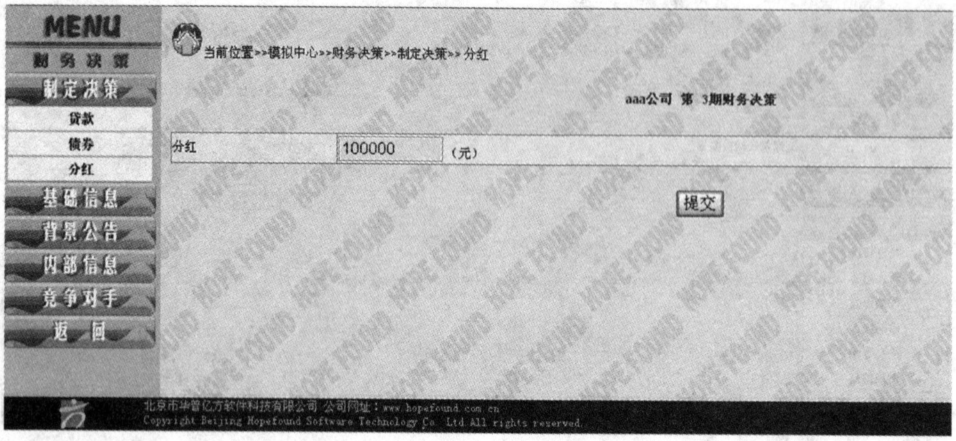

图 10－18　财务管理决策——分红

五、实验评价

1. 学生对财务管理的掌握。每个队由总经理组织撰写财务管理报告。报告中要写明以下几点：

（1）下季度各项成本的计算。按照生产、供应、营销、人力资源、财务五个部分分别计算成本。

（2）下季度各项收入的计算或估算。分别计算销售收入和利息收入。由于下一期的销售量只能是估计，因此该项收入为估算。

（3）毛利润和净利润的估算。根据上面计算的成本和收入，估算毛利润和净利润。

（4）现金流入。分别计算销售回款、售出资产、投资返回、利息收入、长期贷款等现金流入项。

（5）短期贷款。根据现金收支顺序计算短期贷款。

（6）现金流出。营运支出、购置资产、返还贷款、利息支出、应缴税、分红、购入投资短期贷款等现金流出项。

（7）期末现金。根据现金流入、流出计算净现金流，再根据期初现金计算期末现金。

教师可根据学生撰写财务管理报告的认真程度、各项计算公式的正确性，合理地给各队打分。

2. 学生完成第七轮决策。财务总监作完财务决策后，其他部门按照分工完成各部门的决策，最后由总经理提交决策成功，即完成第七次决策的制定和提交。

六、实验提示

1. 第六轮管理报告的点评。教师根据学生的营销管理报告和第六轮管理报告进行点评。针对学生的营销管理报告，教师考察学生是否掌握了营销管理的基本知识和方法，能否针对市场需求影响因素的特点确定正确的营销组合，渠道等决策是否合理。

2. 本模拟系统中财务计算的细节。

（1）生产成本计算。购买的厂房有厂房使用费，租赁的厂房有租赁费。生产线根据加工时间计算运行费，生产线折旧按照上季度末机器价值计算。生产管理费和生产线维护费根据决策值计算。研发费也根据决策值计算。

（2）供应成本计算。

原材料采购费：两种原材料分开计算后加和，并且要注意批量订购的优惠。

成品购入费：三种产品分别计算后加和。

原材料运输费：计算的是当期到货的原材料运输费。

产品运输费：分别计算各市场的运费后加和。

原材料仓储费：仓储量取的是期初期末的平均值。

产品仓储费：仓储量也取的是期初期末的平均值。

（3）销售成本。

广告费、促销费、企业形象费：按决策值计算，六个市场、三个产品的投入相加。

代理商管理费：代理商招募、终止费用。

代理商佣金：销售额乘以佣金比例，各市场分别计算后加和。

互联网贸易费：互联网建设、推广、设计费用之和。

销售人员提成：销售额乘以提成比例，各市场分别计算后加和。

产品保修费：各产品保修费之和。

商业信息费：购买商业情报的费用。

（4）人力资源成本。

非技术工人人事管理费：非技术工人招聘、解聘、培训、工资、奖金。

技术工人人事管理费：一般和高级技术工人的招聘、解聘，一般技术工人培训，一般和高级技术工人的工资、奖金。

销售人员人事管理费：一般和高级销售人员的招聘、解聘、工资。

研发人员人事管理费：研发人员招聘、解聘、工资、奖金。

管理人员人事管理费：管理人员招聘、解聘、工资、奖金。

（5）财务成本。

财务管理费：固定成本。

短期贷款利息：上季度的短期贷款乘以短期贷款利息，注意背景信息中给出的贷款利率是年利率，计算季度利息时要除以4。

长期贷款利息：上季度的长期贷款乘以长期贷款利息，同样注意要换算成季度利率。

（6）收入。

销售收入：各市场销售额之和，注意国际市场的价格是美元，用汇率换算成人民币的销售收入。

利息收入：国债利息收入，上季度购买的国债乘以国债利率，同样注意用季度利率。

3. 财务报表的制作。

（1）利润表，项目有销售收入、利息收入、生产成本、供应成本、营销成本、人力资源成本、财务成本、研发成本、利息支出、生产线折旧费、库存变化、毛利润、所得税、纯利润、本期结转亏损。其中，库存变化是期末库存价值减去期初库存价值，本期结转亏损是累计亏损额。

（2）资产负债表。资产包括的项目有固定资产（包括厂房和生产线）、流动资产（包括原材料、产成品、应收款、短期国债、现金）。其中，应收款为尚未回款的销售额，即 30% 上季度的销售收入。负债包括的项目有短期贷款、长期贷款、应付款。其中，应付款是当期原材料期货 50% 的采购费、保修费、仓储费。股东权益包括的项目有股本、公积公益金、未分配利润。

（3）现金流量表，项目包括期初现金余额、销售收入回款、返回国债本金及利息、短期贷款、新增长期贷款、出售资产收入、运营支出、偿还长期贷款利息、偿还短期贷款及利息、所得税支出、购入资产支出、股息支出、新购短期国债、期末现金余额。

第十一章 财务分析及课程总结

一、实验目的

1. 学生掌握财务分析的相关理论知识，重点是与本课程相关的财务指标的计算和分析。

2. 通过教师对学生财务管理报告的点评，加深学生对财务管理的理解。

二、实验准备

1. 实验资料的准备——生成第七轮管理报告。教师进入【教师中心】，在【模拟比赛】→【比赛管理】中点击“下一轮”按钮，让系统处理学生的第七轮决策，生成第七轮管理报告。详见第四章的实验提示。

2. 教师授课内容的准备。

（1）报告的点评。教师给每个队打印一份第七轮管理报告，在课堂上交给每个公司的总经理。教师事先浏览学生的报告，总结学生第七轮决策的表现。

（2）课件的准备。教师应准备讲授财务分析的课件，理论知识可参考本章第三部分。教师还应研究本模拟软件中在财务分析和企业业绩方面的模拟规则与要点，在课堂上指导学生。相关内容可参考软件中的“企业绩效评价”部分。

三、理论知识

（一）财务分析

企业的经营绩效及财务状况可通过分析企业的财务报表进行考核。采用与同行业平均水平相比和考察本企业历年财务报表的变化趋势等方式，向股东和债权人报告企业的盈利水平及债务偿还能力、收益和利润分配状况，使与企业利益有关的各方对企业的现状和将来的发展有一定量的估计。

在企业的财务管理中，对企业的财务报告进行分析是重要的环节。财务分析有两个不同的内容：一是进行企业之间的外部比较，它是用某一企业的财务指标与同行业的平均指标进行比较，以分析和比较该企业与同行业平均水平的差异；二是进行企业的内部比较，它是用企业不同时期的财务指标进行比较，对企业不同时期的发展变化作出分析和判断。财务分析既可以用于对投资对象进行分析，也可以用于对本企业内部的分析。财务分析的基础是企业的财务报告，它是最易直接得到的企业基础资料，尤其是上市公司。另外，证券价值是由折现现金流决定的，而会计报表所报告的是利润，利润与现金流之间有很大区别。但是，我们衡量企业经营和估计企业价值都要通过会计数据。在多数情况下，高额会计利润表示了高现金流和高支付能力。

上市公司在其所公布的各种报告中，年度报告是最重要的，其中有四份财务报表，即资产负债表、损益报告书、财务状况变动表、保留盈余报告。这些报表的组合从会计的角度给出了公司一年的经营状况和财务状况。其中，资产负债表和损益报告书中同时给出了近两年的财务数据，可以进行详细的比较。年度报告中还对报表中一些重要的财务数据作了详细的说明，并对过去几年的关键性经营数据有历史性概述。在大多数情况下，投资者总是利用企业年度财务报表中的信息得出将来盈利和红利的期望值以及该企业收益的风险；企业经理人员则利用企业年度财务报表中的信息寻找改善企业经营的途径。

（二）财务比率分析

财务比率分析是以某一基准进行比较的分析方法。比率分析有外部比较和内部比较。外部比较是企业之间的比较，以同行业企业或同类型企业的平均值为基础进行比较。内部比较是将企业近几年的财务比率进行比较、分析，考察本企业的财务状况和变化趋势。财务比率是通过财务报表中的财务数据的关联性计算的，它显示了财务报表科目之间的关系。

1. 偿债能力比率。企业对债务的清偿能力往往预示着企业近期的风险。企业偿债能力反映的是企业资产的流动性。资产的流动性即企业资产的变现性，对短期债务的清偿有重大影响。偿债能力比率把流动资产和流动负债联系起来，为财务分析人员提供了简便快速的衡量尺度。两个主要的流动性比率是流动比率和速动比率。

流动资产一般包括现金、有价证券、应收账款及库存，流动资产的变现能力一般较强。流动负债一般包括应付账款、短期应付票据、本年到期的债务、应付未付的所得税及其他未付开支。通常偿付流动负债需要现金支付。如果一个公司遇到财务困难，它会延缓应付账款的支付、拖欠银行贷款等。为了支付到期的债务，企业必须在相应的时间使流动资产转化为足以支付债务的现金。流动资产可以在短期内转化为现金，可以接近设定的价格转化为现金。流动资产与流动负债之间保持一定的比例是保持企业具备一定偿债能力所必须的。如果流动负债上升的速度过快，会使流动比率下降，从而引起财务方面的麻烦。

2. 资产管理比率。资产管理比率是用于衡量公司资产管理效率的指标。资产管理比率有库存利用率（或称库存周转率）、应收账款平均回收期、固定资产利用率（或称固定资产周转率）、总资产利用率（或称总资产周转率）。从营业水平看，这些指标回答了这样的问题：（1）资产负债表上的资产是否在有效运转；（2）资产结构是否合理；（3）所有的资产是否能有效利用（充分利用）；（4）资产总量是否合理。

3. 债务管理比率。公司债务问题是投资人最为关注的问题之一。公司股东希望通过债务为公司提供更多的资金，为股东带来更多的收益；债权人则希望借贷公司的资本金达到一定比例，从而为债权人的贷出资金提供安全屏障，保护债权人的利益。考察公司债务管理能力的比率有资产负债率、收益利息倍率、固定负担倍率。

（1）资产负债率。当企业发生清偿事件时，贷款人的保障就多一些。而股东一般喜欢较高的负债率，这样可以利用财务杠杆增加收益。当然，负债率增高，企业财务风险也增大。

（2）利息保障率。利息保障倍率高，支付利息的能力强，它会增强贷款人对公司支付能力的信任程度。如果公司有租金支出，则应予以考虑，相应的比率称为固定负担倍率。

4. 获利能力分析。公司大量决策和行动的综合结果形成了获利能力，前面介绍的各种财务比率给出了公司经营过程的信息，它们最终将反映到公司的获利能力上。

5. 趋势分析。趋势分析是通过对公司近几年财务数据的内部比较，观察公司发展变化趋势的分析方法。由于公司各年度财务报告中的数据有很大变化，如公司上年的股本大量增加而引起财务数据的变动，从而使公司各年度财务报告不能直接进行比较分析，尤其是高速成长型的公司，绝对数据缺乏可比性，很难了解公司财务结构上的变化，但恰恰是这种结构上的变化预示着公司的某种变化趋势。

财务比率分析的资料来自于公司的财务报表——资产负债表和损益表，因此可以方便地获得用于分析的资料，这是财务比率分析的第一个优点。第二个优点是财务比率分析计算简单、直观，易于比较。第三个优点是比率分析具有相对性，可以取得相互比较的信息，可以通过比较，发现分析的对象企业在同类型企业或同行业企业中的位置，看到企业的变化趋势。如果是进行本企业的财务分析，则可以为企业决策提供必要的信息。财务比率分析是进行财务分析的有用工具，但是，财务比率分析也存在着局限性，它存在着如下值得注意的问题：（1）财务比率分析是以原始成本为基础的财务报表，受传统报表的固有缺陷的限制，很难准确、全面地反映企业的财务内容。（2）利用比率分析时有一重要的假设前提，即过去的各种条件不变，包括内部和外部条件不变。此假设往往不切实际，尤其是进行趋势分析时更需注意。因为在经营期间，经济因素、政策因素、产业因素以及企业内部因素都处在经常的变动中，这些变动产生的影响要通过财务比率分析辨别出来是不可能的。因此，利用比率分析作趋势分析以判断企业的绩效时，无法分辨此绩效是来自整体经济形势的变动或是产业的变动，或是企业自身情况的变动所引起的企业财务状况的变动。

四、实验操作

本章实验流程见图 11 - 1。

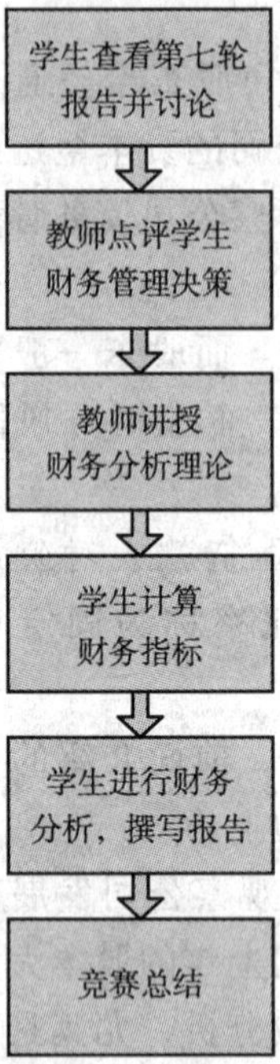

图 11 －1

1. 学生查看第七轮报告并讨论。学生使用自己的用户名和密码进入模拟大厅，选择自己的角色进入决策界面，在【内部信息】中可以查看第七轮的报告。学生进入【内部信息】，重点查看【财务报告】。

财务报告的信息包含了资产负债表、损益表和现金流量表，如图 11 －2 至图 11 －4 所示。

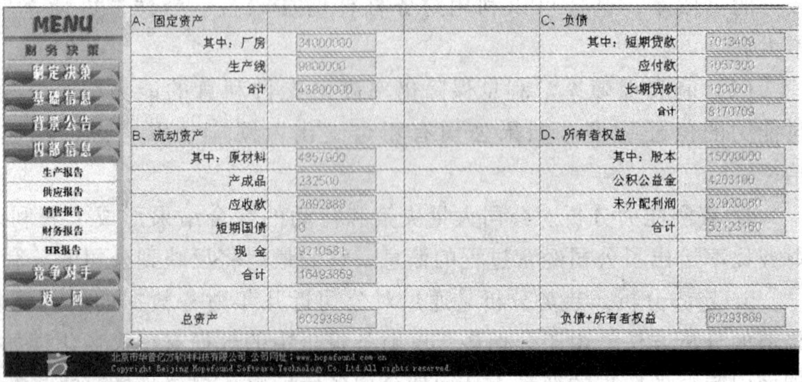

图 11 －2　财务报告——资产负债表

图 11 －3　财务报告——损益表

3. 现金流量表

期初现金余额	9832527	
销售收入回款	9210581	
返回国债本金及利息	0	
增加短期贷款	7013409	
新增长期贷款	0	
出售资产收入	0	
运营支出	11886314	
偿还长期贷款利息	1250	
偿还短期贷款及利息	4978372	
所得税支出	0	
购入资产支出	0	
股息支出	0	
购买国债	0	
期末现金余额	9210581	

图 11－4　财务报告——现金流量表

在【竞争对手】中，可查看行业内各公司的【综合评分】。竞赛是以结束后的综合评分作为评判胜负的标准（见图 11－5）。

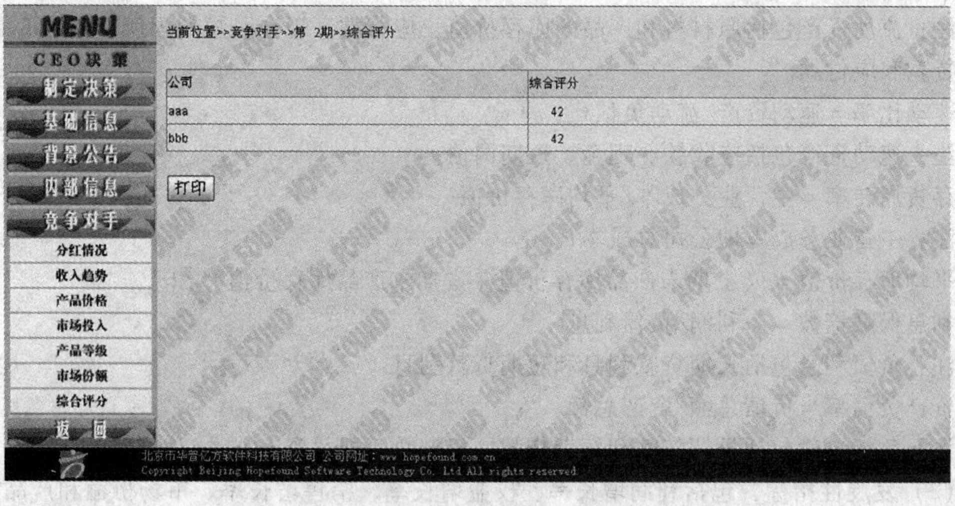

图 11－5　竞赛胜负的指标——综合评分

学生在公司内部讨论财务报告的结果与制定决策时的预期是否有偏差，如果存在问题，需要共同找出原因并加以解决。分析第七轮决策中的财务管理是否成功，内容包括：（1）各项成本计算是否准确；（2）收入及利润是否基本符合预期；（3）分红数额是否为决策值；（4）短期贷款的数量是否与预测相符；（5）现金变化是否预测基本准确。

2. 教师点评学生财务管理的决策情况。教师可以选择部分学生代表发言，阐述所在公司制定财务管理决策的过程，重点是现金流控制的管理，即现金流的计算及投融资的决策思路，以及实际结果（财务报表）是否符合预期。计划和结果不相符时，学生应分析出现问题的原因。

教师对学生的报告给予点评，就学生在营销报告中反映的问题给予指正，并总结学生第七轮管理报告的情况，指出学生在思路及决策方面存在的不足或失误。

3. 教师讲授财务分析的理论、方法。教师讲授有关财务分析的相关知识，重点为财务指标的计算，如何运用财务指标进行公司状况分析，可参考本节的理论知识。并根据本节的实验提示，结合模拟系统的特点，讲解模拟比赛中对重要财务指标的管理。

4. 学生作财务指标的计算。学生根据上轮管理报告计算四类财务指标：盈利性指标、流动性指标、发展性指标和股利指标。

（1）盈利性指标，包括当期利润、累计利润、净资产利润率、总资产报酬率、销售利润率。计算公式如下：

当期利润 = 上季度的纯利润

累计利润 = 竞赛期间累计利润总和

净资产利润率 = 净利润/平均净资产

注：平均净资产 = （上季度初净资产 + 上季度末净资产）/2

总资产利润率 = 净利润/平均总资产

注：平均总资产 = （上期末资产总和 + 本期末资产总和）/2

销售利润率 = 净利润/销售收入

（2）流动性指标，包括流动比率、速度比率和存货周转率。计算公式如下：

流动比率 = 流动资产/流动负债

注：流动资产包括原材料和产品的库存价值、应收款、现金、短期国债，流动负债包括短期贷款和应付款。

速动比率 = 速动资产/流动负债

注：速动资产包括应收款、现金、短期国债。

存货周转率 = 主营业务成本/平均库存价值

注：主营业务成本即公司总成本；

平均库存价值 = （上期末产品库存价值 + 本期末产品库存价值）/2

利息保障倍数 = 净利润/负债利息

注：负债利息包括长期贷款利息和短期贷款利息。

资产负债率 = 负债总额/资产总额

注：负债总额包括长期贷款和短期贷款，资产总额即总资产。

（3）发展性指标，包括利润增长率、权益增长率、销售增长率、市场份额和产品等级。计算公式如下：

利润增长率 = （上季度纯利润 - 上上季度纯利润）/上上季度纯利润

权益增长率 = （上季度所有者权益 - 上上季度所有者权益）/上上季度所有者权益

销售增长率 = （上季度销售收入 - 上上季度销售收入）/上上季度销售收入

市场份额 = 上季度各产品各个市场份额总和/18

产品等级 = 上季度三个产品等级之和

（4）股利指标，包括两个指标：累计分红和持续分红能力。

累计分红：竞赛期间各期分红总和

持续分红能力：竞赛期间分红次数

(5) 学生作公司财务分析，撰写报告。学生根据计算得到的财务指标数值，同时与竞争对手的经营情况作比较，分析公司的经营状况，包括盈利状况、流动性、偿债能力、股利政策、发展前景等，并由总经理组织撰写财务分析报告。

(6) 学生作竞赛总结报告。总经理组织撰写竞赛总结报告，包括竞赛成绩和获得成绩的经验总结，竞赛中在知识、技能和其他方面的收获，在竞赛中的失误和教训，团队配合、沟通方面的情况，以及对于竞赛、课程、软件方面的建议和意见。

学生按照竞赛组队，先内部回顾整个模拟竞赛的全过程，总结本课程学习带来的收获，给本课程提出建议和意见。教师可选择部分公司的总经理讲述自己的队伍在竞赛过程中的经历和思考，在班级内作一下交流。最后，教师可对课程情况进行总结。

五、实验评价

1. 学生对财务分析的掌握。每个队由总经理组织撰写财务分析报告。报告中要写明以下几点：(1) 各项财务指标的计算公式和计算过程；(2) 公司盈利性分析；(3) 公司流动性及偿债能力分析；(4) 公司发展性分析；(5) 财务指标对竞赛成绩的影响；(6) 教师可根据学生财务分析报告的完成情况和正确性给予评分。

2. 模拟经营实验的完成情况。学生按时提交了七轮决策，并且在模拟经营过程中没有出现重大错误，可认为很好地完成了模拟经营实验课程。

六、实验提示

1. 第七轮管理报告的点评。教师根据学生的财务管理报告和第七轮管理报告进行点评。

针对学生的财务管理报告，教师考察学生是否掌握了财务管理的基本知识和方法，能否正确计算各项成本、就利润和现金流作出比较准确的预测，是否进行了合理的投资和融资决策。

2. 本模拟系统中绩效评价的其他指标。

(1) 综合评分的组成和计算。每期结束后，软件根据各企业的经营业绩评定一个综合成绩，评判的标准包含五大项：企业获利能力、企业偿债能力、企业发展能力、企业运营能力、股利发放。

企业获利能力：当期利润、累计利润、净资产利润率、总资产报酬率、净资产。

企业偿债能力：流动比率、速动比率、存货周转率、资产负债率、利息保障倍数。

企业发展能力：利润增长率、权益增长率、销售增长率、市场份额、产品等级。

企业运营能力：短期贷款、及时供货能力、原材料采购、生产资源利用、职工队伍稳定性。

股利发放：累计分红、持续分红能力。

各项评价指标的评价值（即指标的得分）是综合评价的主要依据，是在对各企业各项指标的横向比较后，以“评价分”的规范化方式得出。多数指标是各企业经营结果与行业平均经营结果的对比。超过行业平均值的得分为正，低于行业平均值的得分为负，但资产负债率低于行业平均值得分为正。对于流动比率和速动比率来说，较好的企业得分高。

在综合评价时，各个指标对企业的影响不同，其权重也是不同的。计算企业综合评价时，先计算某大项中每小项的得分，乘以各自权重后得出该大项得分，各大项得分再乘以各自权重后加上50，得到企业综合评价得分。

（2）公司运营评价指标的解释。运营评价指标是考察企业有没有出现经营方面的严重问题，如果某一项出现问题，则该项评分－50，没有出现问题不扣分。

短期贷款：期末货币资金余额小于零，将被作为企业营运出现问题。

及时供货能力：本期可供销售总量小于总需求的75%，将被看成企业及时供货能力差，存在供应管理的问题。

注：总供货量＝本期总供货量＋上期末总市场库存

　　总需求＝各市场新订货量总和＋顺延订货总和

原材料采购规划：期末原材料剩余（不包括期货）超过当期生产用量的25%，即有大量原材料没有利用，将被看做原材料采购规划差。

生产资源利用：本期生产能力（包括生产线和技术工人）使用率低于60%，或生产能力小于产量计划所需，将被看做生产资源利用差。

注：生产线使用率即生产线实际运行时间与最大可用时间的比率，技术人员生产能力使用率为技术工人工作时间与最大可用时间的比率。

职工队伍稳定性：人员流动率过高将影响企业的持续发展能力。人员流动率＞8%将被看做职工队伍稳定性差。

注：人员流动率＝所有类别离职员工总和/期初员工总数

附录一

实验室布置及软硬件配置

实验室建设充分利用现在计算机网络、视频技术，可使教学更加形象、生动。实验室硬件配置建议如下：

- 计算机（包括服务器、教师机和学生机）
- 网络设备（网卡、网线、集线器或交换机等）
- 操作系统（Windows2000Server、WindowsXP 等）
- 投影仪
- 实物展示台
- 打印机

实验室的网络拓扑图如附图 1－1 所示。

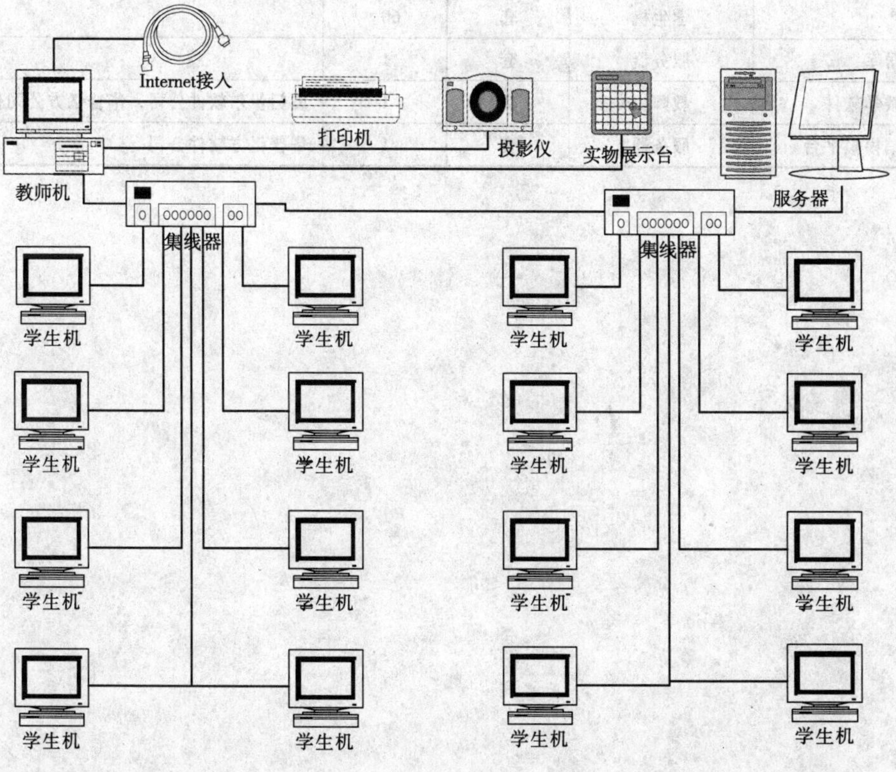

附图 1－1

硬件配置表（最低要求）如附表 1－1 所示。

附表 1－1

硬件名称	用途	单位	数量	配　置
服务器	安装各种服务软件	台	1	一般的 PC 机，P41.4G 以上，内存 512M 以上，硬盘 40G 以上
教师机	教师上课使用	台	1	一般的 PC 机，P41.0G 以上，内存 128M 以上，硬盘 20G 以上
学生机	学生上课使用	台	60	一般的 PC 机，P3800M 以上，内存 128M 以上，硬盘 20G 以上
再生卡	学生机用	个	60	
集线器	接网络			
网线			若干	
投影仪		台	1	
实物展示台		台	1	
internet 接入				

软件配置表如附表 1－2 所示。

附表 1－2

软件名称	用途	单位	数量	推荐厂家
win2000server	服务器	套	1	
win2000	教师机	套	1	
winXP	学生机	套	60	
SQL 数据库	服务器	套	1	
多媒体教学软件	教师机	套	1	厦门伊尔软件公司，华普亿方公司代理
市场营销模拟平台	服务器	套	1	华普亿方软件公司

附录二

华普亿方企业运营管理教学模拟软件竞赛手册

一、赛事规则

模拟将以多个公司在同一市场竞争的形式进行，每个公司由六个角色组成，分别是生产经理、采购经理、营销经理、财务经理、人力资源经理和总经理。学生可自由组队组成公司并决定扮演的角色，或由教师分组建立模拟竞争中的公司。学生建立的虚拟公司必须经过教师（或竞赛管理员）的审核才能进入赛事。

参赛者首先将看到系统给出的模拟参数和竞赛规则，借以了解比赛。竞赛将给出虚拟公司此前的运营情况，称之为运营报告，可能是一个周期或多个周期。学生通过阅读历史报告可了解公司之前的运营状况及所处的环境。模拟以一季度为一个决策周期，学员根据获得的公司运营报告、宏观经济情况、行业竞争态势等多种商业情报，制定下一个阶段（下个季度）的企业经营决策。

各参赛队首先由各个部门经理制定其所负责的职能决策，再汇总至总经理及财务经理处，由财务经理进行财务审核并向总经理提供建议，总经理作为最高决策者，将根据企业的战略规划协调各部门的决策，可要求各部门负责人修改或重新制定决策，最终形成企业的整体经营行为和决策方案，并提交给软件系统进行处理。如果参赛者没有提交决策，模拟管理者可以将该公司上期的决策作为该公司本期的决策。各虚拟公司提交的决策经计算机模拟市场竞争处理后，将返回该季度的企业经营结果和市场环境，以供学员进行下一轮的决策。模拟过程如此反复进行，直到组织者设定的周期结束。最终，综合评价最高的公司将成为竞争的胜利者。

二、企业背景

参赛者经营的虚拟公司是中国国内的一家生产制造型企业，生产多种日用消费品（目前版本中是三种产品），并通过国内外代理商渠道销售到世界各地（目前版本中共分三大市场区域：中国国内、国际发达国家、国际发展中国家，国内区域共有四个细分市场：国内东部市场、国内南部市场、国内西部市场、国内北部市场），并且可以通过电子商务渠道在国际互联网上进行营销活动。企业需要保证人力资源的要求，要通过研究不断进行产品的升级换代，还要进行投融资活动，保证企业的资金运转和有效利用。

虚拟企业的组织结构及职能如附图 2－1 所示。

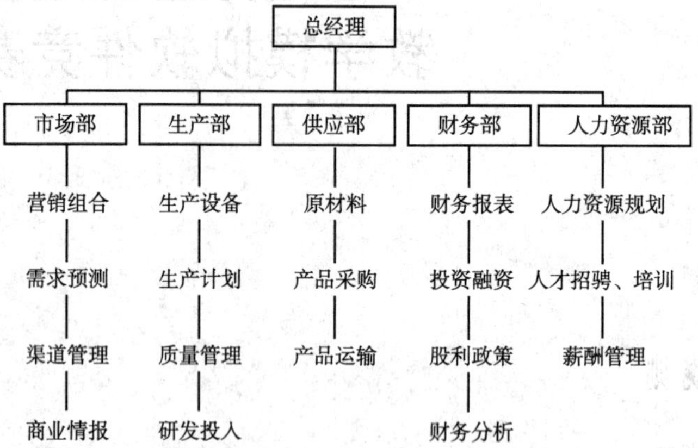

附图 2－1

三、宏观环境

模拟经营中对企业的环境进行了设置，包括经济环境、政治环境、以及其他社会现象、自然现象及突发事件。事件对企业的影响需要企业管理者自己去预测，决策者要有风险意识。

1. 经济增长。经济增长反映了经济发展的状况，也是消费品市场容量变化的一个重要参考指标。经济环境在三大区域（中国市场、国际发达国家市场、国际发展中国家市场）是不同的。经济增长可能出现三种情况：增长、稳定和衰退。消费品市场容量的变化与之是对应的（即经济增长时，消费品市场容量也将增大）。

竞赛过程中，经济增长的趋势可能会发生变化，从系统给出的信息中可以获得提示。

2. 居民可支配收入。居民可支配收入的高低影响消费品的购买力，进而也影响着市场容量。三大区域（中国市场、国际发达国家市场、国际发展中国家市场）的居民可支配收入的增长变化是不同的。居民可支配收入的变化可能出现三种情况：增长、稳定和降低。

竞赛过程中，居民可支配收入的变化趋势可能会发生变化，从系统给出的信息中可以获得提示。

3. 季节因素。本软件中各产品的销售量在不同的季节会有所不同。季节性变化对不同市场的影响可能是不同的。一般来说，国内市场一季度是最大的旺季，国际市场四季度是最大的旺季。

在竞赛过程中，季节变化是周而复始的。

4. 汇率变化。在竞赛过程中，模拟企业与国际两个市场的贸易都是以美元结算的，汇率也是波动的。汇率的变化将影响到在国际市场销售产品的价格，进而影响产品的销量。

5. 原材料价格变化。在竞赛过程中，企业生产所需要的原材料的现货和期货价格是随着时间发生变化的。价格的波动将影响到虚拟企业的生产成本。

四、行业竞争环境

系统每期都发布上期的行业竞争情况。其中，各公司的综合绩效分、各公司财务公告、本公司发展趋势、本公司成本发展趋势是免费的信息，其余是付费信息（见附表2－1）。

1. 各公司财务公告：包括各公司上个季度的销售收入、成本合计、净利润、固定资产、员工总数、分红。两个季度公布一次。

2. 本公司收入发展趋势：历史各期销售收入。

3. 本公司成本发展趋势：历史各期成本合计。

4. 各公司价格：上个季度各公司在各市场的产品价格。

5. 各公司市场投入：上个季度各公司在各个市场的广告、企业形象、促销总投入。

6. 各公司产品等级：上个季度各公司各产品的等级。

7. 各公司市场份额：上个季度各公司以销售量计算的市场份额。

8. 各公司综合绩效分：上个季度各公司的综合绩效分。

附表2－1 付费信息价格表

名　称	费用（万元）
产品价格	5
产品等级	5
市场份额	10
广告投入	10

五、生产

模拟系统中有三种产品可以生产，制造工艺是相似的，都分为两个工序：机加工和组装。机加工工序为非技术工人利用生产线将原材料加工制造为零部件，组装工序为技术工人将零部件组装成成品。

1. 厂房。生产线因为有生产环境的需要，必须安置在厂房中。本模拟软件设置了两类厂房，高级厂房和普通厂房。每个高级厂房可容纳6条自动生产线；每个普通厂房可容纳6条半自动生产线。因此，扩充生产线必须考虑是否有足够的厂房空间可容纳新生产线。

厂房的增加可以通过购买和租赁两种方式。购买一次付清款项，租赁每月支付租金。购买的厂房每季度有固定的费用支出。购买或租赁的厂房在决策的季度就能使用。如果企业在缴纳所得税后没有足够的现金，则无法购买新厂房（见附表 2-2 所示）。厂房可以退租，也可以出售，在退租和出售的季度就无法使用了。厂房出售的价格是原值，在季度初售出。已放置生产线的厂房不得出售，即不允许出现生产线没有厂房安置的情况。

附表 2-2　　厂房相关参数

单位（万元）	高级厂房	普通厂房
价值	1000	700
容纳生产线	6	6
使用费（每季度）	15	10
租赁费（每季度）	30	20

2. 原材料。三种产品均是由两种原材料加工而成的（M_1 和 M_2），但构成各产品所需的原材料数量是不同的（见附表 2-3）。

附表 2-3　　各产品所需原材料数量

单位产品组成	M_1	M_2
产品 A	1	1
产品 B	1	2
产品 C	2	3

3. 机加工及生产线。企业生产三种产品所需的零部件是通过生产线将原材料加工得到的，各产品所需零部件的加工时间是不同的。

机加工由非技术工人操作生产线完成，因此，每条生产线需要配备一定的非技术工人。没有配足工人数的生产线不能投入使用。生产线运行和非技术工人的工作可以采用轮班的方式，每季度单班每条生产线的最长运行时间为 520 小时，双班为 936 小时。生产线运行过程中可能会出现故障，这时需要中断生产进行维修，因此实际可用加工时间随故障时间的增多而减少。有关生产线故障及维修参看本节第 7 条。生产线运行时会产生一定的费用（生产线运行费），与生产线实际运行的时间有关。生产线分为两种：自动生产线和半自动生产线。两者的主要区别是生产效率不同，半自动生产线的生产效率要小于自动生产线。此外，操作生产线所需的非技术工人数量也不同。

生产线的增加必须通过购买的方式。常规生产线购买决策时，购买生产线的季度支付货款，接下来的一个季度就可以开始使用，并产生折旧。生产线的折旧是每季度 2.5%。购买生产线必须考虑厂房的容量，即不能出现购买生产线后无厂房可以安置的问题。购买生产线也必须考虑企业是否有足够的现金（见附表 2-4）。生产线也可以出售，在季度初售出。

附表 2－4　　两种生产线的各项参数

	自动	半自动
价值（元）	100 万	40 万
每条生产线每班所需工人数	3	6
单位小时运行费（元）	60	50
折旧率（直线折旧,%）	2.5	2.5
单班最大加工时间（小时）	520	520
双班最大加工时间（小时）	936	936
生产单位 A 时间（小时）	1	2
生产单位 B 时间（小时）	1.5	3
生产单位 C 时间（小时）	2.5	5

4. 产品组装。三种产品的成品均是由技术工人将其零部件组装完成。各产品的组装时间是不同的。组装工人是单班次工作，但可以加班。组装正常工作时间每季度为 520 小时，周末单日加班一个季度将增加 104 小时的工作时间；双日都加班增加 208 小时。加班工资为正常工资的两倍。技术工人分两类，一般技术工人和高级技术工人，两者的区别在于工作技能和熟练程度不同，因此，两类技术工人组装产品的效率也是不同的（见附表 2－5）。

附表 2－5　　两类技术工人组装单位产品的时间

	一般技术工人	高级技术工人
A	8	4
B	10	5
C	14	7

5. 生产管理费及废品。生产管理费决定着工厂的生产管理水平，需要作出决策。每班次的生产管理费是固定的，如果采取轮班制，总的生产管理费等于生产管理费决策值乘以班次数。在产品生产过程中会产生不合格产品被作为废品处理掉。工厂管理水平越高（生产管理费投入越多），产生的废品数就越少，但不会完全消失。生产管理费最低每季度 10 万元，最高每季度投入 20 万元。

6. 产品质量。技术工人工作得越认真，产品质量将越高。产品质量的提升可以促进产品的销售。本模拟系统中，技术工人的奖金越高，对技术工人的激励作用越大，其生产的产品质量也越高。

7. 生产线故障及维修。当生产线运行出现故障时，必须进行生产线的维修。生产线的故障率与生产线老化的程度有关。如果对机器进行日常的维护工作可以减少机器故障的出现。设备维护是生产企业的日常工作，本系统中设定每条生产线的维护时间是固定的（见附表 2－6）。

附表 2－6　　生产线维护时间

轮班次数	固定维护时间
一班	20 小时
二班	40 小时

生产线的维修和维护会产生一定的费用。两种生产线由于复杂程度不同，维修维护的费用也不相同（见附表 2－7）。

附表 2－7　　**生产线的维修维护费**

	半自动生产线	自动生产线
单位小时维修维护费（元）	300	200

8. 产品返修。产品在保修期内可以得到企业的保修服务，由此企业将产生一定的费用。每件产品的保修费是固定的（见附表 2－8）。

附表 2－8　　**产品保修费**

	产品 A	产品 B	产品 C
保修费（元）	2000	2800	4800

产品的返修率受产品质量影响，即产品质量越高，返修率越低。

9. 产量。产量受生产能力的制约，因此参赛者决策的生产量不一定能够实现，即只有生产线的加工能力、组装工人的组装劳动能力、原材料的供应都能满足要求时，决策的产量才能实现，否则系统会自动将原决策予以修改。

决策中的产量是生产数量，但由于存在废品，因此实际的成品数要少于产量，其关系为：

某产品的正品数＝实际生产量－废品数

六、研发

三种产品各有五个等级。竞赛初期已生产的产品为一级，没有开始生产的产品为零级。产品的等级提升要投入相应的研发费用以及一定数量的研发人员，即满足资金、研究人员数量的要求才可以经过一个季度的研发获得产品等级的提升。产品等级必须逐级提高（见附表 2－9）。产品等级越高，市场竞争力越强，对销售有促进作用。

附表 2－9　　**产品等级提升所需投入及所需人员**

	等级 1	等级 2	等级 3	等级 4	等级 5
产品 A 投入	3 万元	5 万元	8 万元	12 万元	17 万元
研究人员数	2	3	4	5	6
产品 B 投入	4 万元	7 万元	11 万元	16 万元	22 万元
研究人员数	2	3	4	5	6
产品 C 投入	6 万元	9 万元	13 万元	18 万元	24 万元
研究人员数	2	3	4	5	6

七、采购

1. 原材料采购。两种原材料（M_1、M_2）都可以购买现货、3个月期货和6个月期货。下季度作的期货购买决策，3个月期货下季度到货，6个月期货下下季度到货。只要发生采购行为，就会产生采购费。采购原材料还会产生运费，按照采购原材料的数量计算。当购买原材料达到一定数量时，供应商会有一定的优惠（见附表2-10、附表2-11）。

附表2-10　原材料采购费和运费

	费用（元）
原材料采购费	5000
单位原材料 M_1 运费	2
单位原材料 M_2 运费	3

附表2-11　原材料批量购买优惠

M_1 定购量	M_2 定购量	价格
<1000	<1500	100%
1000—3000	1500—4500	98%
>3000	>4500	95%

2. 产成品采购。为了弥补生产能力的不足，可以让其他企业为自己加工产品，并按照一定的价格采购回来。各产品的采购费是固定的（见附表2-12）。

附表2-12　采购的产成品价格　单位：元

	产品1	产品2	产品3
采购价格	1500	2200	3600

3. 产品供货。只有成品才能出厂供应到市场中，可供应到市场的产品总数量不能超过期初工厂库存、产成品采购量和实际生产的成品总和。

4. 产品运输。三种产品的运费与距离有关，即运往不同市场的运费是不同的，但不同产品运往相同市场的运费是相同的。每件产品的运费如附表2-13所示。

附表2-13　产成品运输费　单位：元

	国内北	国内东	国内西	国内南	发达国家	发展中国
单位产品运费	30	30	50	50	150	100

5. 仓储。企业有自己的仓库，购买的原材料和没有运输出去的产品储存在工厂的仓库中，分为原材料仓库和产成品仓库。每季度有一笔固定的支出。另外，在仓库中储存每个原

材料和每个产品都会产生费用。产品的仓储费数量按期初和期末的平均值计算（见附表2－14）。期货到货前不会产生仓储费。

附表 2－14　　原材料及产成品仓储费　　单位：元

	仓储费
原材料仓库固定费用	2000
单位原材料 M_1 仓储费	1
单位原材料 M_2 仓储费	1.5
产成品仓库固定费用	5000
单位产品仓储费	20

八、营销

在模拟中共有六个市场，即国内东部市场、国内西部市场、国内北部市场、国内南部市场、国际发达国家市场、国际发展中国家市场。企业需要有针对性地实施价格、渠道、广告、促销、企业形象建设等营销策略，并根据商业情报、市场环境的变化作出及时的反应和调整。

1. 市场需求。各市场对各种商品的需求与多种因素有关，符合基本的经济规律。影响市场需求的因素包括产品价格、广告、促销、企业形象、代理商、电子商务渠道建设、销售人员、销售管理、产品质量、产品等级、市场份额、供货能力等。一个公司的需求不仅依赖于该公司的营销决策，也受到其他公司策略的影响。同时，需求量也与整个市场的容量（不同产品在不同市场的容量可能各不相同）、经济发展状况、居民收入水平、季节变动等因素有关。此外，可能出现的政策变化、突发事件也可能会引起消费市场的变化。

2. 产品价格。参赛者对每种产品在每个市场可以采取不同的定价。三种产品均为价格敏感类商品，而且降低价格将带来需求的增加，而提高价格会使需求减少。需要注意的是在两个国际市场，零售商品时是按照美元计算的，决策值的货币单位也是美元，而国际市场的回款是以人民币计算的，因此汇率的波动会影响到企业的销售收入。

3. 产品广告。企业可在市场投放产品广告，引发消费者的购买欲望。要注意的是产品的广告可能有滞后作用。

4. 促销。促销也是企业常用的营销手段之一。促销投入的增加将使消费人数上升。

5. 公司形象。企业通过参加各种社会活动、公益活动提升企业形象。公司良好的形象也会促进产品的销售，公司形象的影响也可能存在一定的滞后现象。

6. 代理商。模拟企业产品的销售全部由代理商完成。同时，由于代理商活动的区域是有限的，如果想完全覆盖某个市场区域，必须要有多个代理商。

代理商是否愿意为企业工作依赖于企业给代理商的支持政策，即佣金的高低是代理商考虑是否为企业工作的首要因素。提高代理商的佣金可调动其积极性，企业会接到更多的订单。代理商依据佣金比例获得自己的收益。代理商的招募必须提前进行，代理商要等决策后的那个季度才能开始为企业工作。终止代理商的活动也需要一个季度，即终止代理商决策的那个季度代理商还将为企业工作。企业招募代理商和主动终止与代理商的合同是有费用的（见附表2-15）。如果佣金过低，已加入企业的代理商也会马上离开（该季度不为企业销售产品），这时企业不需支付费用。退出市场时，需要辞退所有的代理商。

附表2-15　代理商招募、终止费

代理商招募费	1万元
代理商终止费	1万元

7. 销售人员。企业产品的销售同样需要销售人员的市场开拓。在国内市场工作的是一般销售人员，国际市场则必须有高级销售人员。销售人员将从企业获得提成，按照销售收入的一定比例获得收益。企业给销售人员的提成越高，销售人员的工作热情就越高，将为企业带来更多的订单。

8. 电子商务渠道。本系统中，企业是可以通过电子商务渠道开展网上销售活动的。每个季度企业都需要维持网站的正常运行，有一笔基本建设费5万元；企业开展电子商务还需要进行网站推广和网站更新，需要投入网站推广费和网站设计费。这两项投入越高，互联网销售的情况就越好。

9. 销售管理。销售管理水平的高低对企业销售也有一定的影响。本模拟系统中，销售管理人员越多，意味着销售管理得越好。

10. 产品质量。高质量的产品容易得到消费者的认可，在相同价格下，质量高的产品销量相对较大。有关产品质量的说明见生产本附录的生产部分。

11. 产品等级。更新换代后的产品由于具备更好的性能，将比低等级产品更容易获得消费者的青睐。有关产品等级的说明见本附录研发部分。

12. 市场份额。市场份额也是消费者考虑的一个要素。市场份额的计算是按照企业的销量计算的。某企业产品的市场份额越大，越可能获得更多的订单。

13. 供货能力。企业的供货能力也影响到企业的销售。缺货会给企业的市场形象带来负面影响。消费者想购买某企业的产品但遇到数量不足的情况时，一部分消费者会选择预订，允许企业在下个季度交货。这时企业必须首先满足消费者在上季度的订单，并且按照原来的价格交货。而另一部分消费者则选择放弃购买或转向购买其他企业的同类产品。

九、人力资源

1. 非技术工人。非技术工人所需的工作技能很低，所以随时可以招聘到。招聘的非技术工人在季度初就可以来到企业工作，解聘同样可在期初完成。招聘和解聘非技术工人需要一定的费用。非技术工人需要每季度支付一定的工资。非技术工人可能不满意企业的奖金而离职，工人主动离职不需要支付解聘费（见附表2-16）。

附表 2 – 16　　非技术工人人力资源费用

	招聘费（元/人）	解聘费（元/人）	每季度工资（元/人）
非技术工人	200	300	5000

2. 技术工人。技术工人具备一定的技术，是相当稀缺的人才，其招聘和解聘需要一个季度。各公司可以作出招聘员工的决策，但能否招聘到，要根据人才市场的失业率情况、各公司的薪酬情况。技术工人的解聘同样需要一个周期，在解聘期技术工人照常工作。招聘解聘都需要一定的费用。技术工人可能发生自动离职的情况，奖金越低，技术工人离职的可能性越大。离职发生在季度末，即该季度中仍参与工作。

企业也可以选择培训工人。非技术工人经过培训可转化为一般技术工人，同样一般技术工人经过培训可转化为高级技术工人。培训期间工人不进行工作。培训需要投入一定的培训费用，并经过一个季度。

企业每季度需要支付技术工人一定的工资，如果技术工人有加班的情况，加班的工作日需要支付更高的工资（见附表 2 – 17 至附表 2 – 19）。

附表 2 – 17　　技术工人人力资源费

	招聘费（元/人）	解聘费（元/人）
普通技术工人	500	700
高级技术工人	800	1000

附表 2 – 18　　技 术 工 人 工 资

每季度工资	正常班（元/人）	单日加班（元/人）	双日加班（元/人）
普通技术工人	8000	3200	6400
高级技术工人	12000	4800	9600

附表 2 – 19　　培 训 费

	培训费（元/人）
非技术工人	1500
一般技术工人	3000

3. 研发人员。研发人员的招聘解聘需要一个周期，会产生一定的费用。研发人员如果对奖金不满，可能会自动离职。研发人员每季度需要支付一定的工资（见附表 2 – 20）。

附表 2 – 20　　研发人员人事管理费

	招聘费（元/人）	解聘费（元/人）	每季度工资（元/人）
研发人员	1000	1200	15000

4. 管理人员。管理人员的招聘解聘需要一个周期，会产生一定的费用。管理人员不会自动离职。管理人员每季度需要支付一定的工资。各公司管理人员有数量限制，最少不低于公司总人数（期初企业的总人数）的10%，上限为15%（见附表2－21）。

附表2－21　**管理人员人事管理费**

	招聘费（元/人）	解聘费（元/人）	每季度工资（元/人）
管理人员	1500	2000	20000

5. 销售人员。招聘和解聘销售人员需要一个季度，并且需要一定的费用。当销售人员对企业制定的提成比例不满时，将会在季度初主动离开企业，在这种情况下企业不需要支付解聘费用（见附表2－22）。

附表2－22　**销售人员人事管理费**

	招聘费（元/人）	解聘费（元/人）	每季度工资（元/人）
一般销售人员	800	1000	3000
高级销售人员	1500	2000	6000

十、财务

1. 现金流量表。现金对于企业运营非常重要，现金流量表是企业现金流入和流出情况的反映。现金流入项目包括销售回款、售出资产、投资返回、利息收入、长期贷款、短期贷款、新发行股票融资。现金流出项目包括营运支出、购置资产、返还贷款、利息支出、缴纳所得税、分红、购入短期国债。要注意各类费用的支出时间和各类收入的到账时间，见附表2－23和附表2－24。

附表2－23　**费用支出时间**

	下季度	下下季度
广告活动	100%	
促销活动	100%	
保修服务		100%
销售支持费	100%	
生产费	100%	
维修费	100%	
厂房费用	100%	
正常生产线购置费	100%	
运输费	100%	
仓储费		100%

续表

	下季度	下下季度
人事费	100%	
研发费	100%	
商业信息费	100%	
管理费	100%	
原材料现货	100%	
原材料期货	50%	50%
产品购入费	100%	
利息支出	100%	

附表 2 – 24　　收入到账时间

	下季度	下下季度
销售收入	70%	30%
利息收入	100%	
售出资产收入	100%	

2. 资产负债表。资产负债表是三大财务报表之一。在比赛信息中，每季度都会给出参赛者自己公司的财务报表。资产负债表包括三个部分：资产、负债和所有者权益。

（1）资产，包括固定资产和流动资产。本系统中，固定资产为厂房和生产线，生产线在安装周期中才会增加固定资产值。

流动资产包括：①应收款，当期销售收入的 30%；②产品库存，各产品的单位库存价值是固定的，如附表 2 – 25 所示。期末产品库存为所有库存产品（包括工厂和市场）的价值之和。③原材料库存，单位原材料按上期报告中原材料 6 个月期货的价格计算。④现金，期末的现金。⑤短期国债，企业可用闲置的资金购买短期国债。短期国债是在决策季度末购买，如果现金不足则不能购买。购买的国债在决策购买的下个季度收回本金并获得利息。

附表 2 – 25　　产 品 库 存 价 值

	产品 A	产品 B	产品 C
库存价值（元）	750	1100	1800

（2）负债。企业的债务，它是企业过去经营活动中形成的义务，主要包括：①应付款，是指企业前期购买材料等未能足额付款而顺延至后期应付的账款，包括企业该季度购买原材料期货 50% 的货款、保修费、仓储费。②短期贷款，该季度新增短期贷款。短期贷款属于应急性的贷款。在模拟的各周期中，每当企业资金计划出现问题、在获得销售回款之前发生资金短缺时，银行自动给予补足，这时就出现了短期贷款，短期贷款无法由企业安排。出现

短期贷款后的下一季度初，银行就自动从企业货币资金账户中扣除短期贷款的本金和利息。短期贷款利息比较高，具有惩罚性质。③长期贷款，企业的长期贷款有信贷额度的限制，为企业上季度末净资产的一半。季度初企业就可获得贷款。长期贷款的本金不需要归还，但每季度需要支付利息。

参赛者查看比赛信息可获知各类贷款的利息。

企业资金收支次序及短期贷款的发生如附表2－26所示。

附表2－26　　企业资金收支次序

期初现金
+新增长期贷款
+资产售出收入
－偿还上期短期贷款及利息
－偿还上期长期贷款利息
－生产费用
－供应费用
－营销费用
－人事费用
－研发费用
－财务费用
－保修费（上上季度）
－仓储费（上上季度）
+新增短期贷款
+上季度销售回款
+上上季度销售回款
+上季度短期国债本金及利息
－企业所得税
－购买厂房（高级厂房优先）
－购买生产线（自动生产线优先）
－分红
－购买短期国债
期末现金

(3) 所有者权益。这是所有者在企业资产中享有的经济利益，又称为净资产。所有者权益包括股本、公积公益金和未分配利润等三个部分。如果企业未发行新股票，则比赛期间股本是不变的。公积金、公益金每季度按照税后利润的10%提取，亏损时不提公积金、公益金。未分配利润是企业的累积利润除去分红后的剩余部分。

3. 损益表。企业从事生产经营活动后取得收入，以收入抵偿成本后会得到利润。

（1）成本。包括生产成本、供应成本、销售成本、人力资源成本、研发成本、财务成本。

生产成本包括厂房使用费、生产线运行费、生产线维修维护费、生产线折旧、生产管理费。

供应成本包括原材料采购费、原材料运输费、产品运输费、产品添购费、原材料仓储费、产品仓储费。

销售成本包括产品广告费、促销费、企业形象投入、代理商管理费、代理商佣金、电子商务费用、销售人员提成、产品保修费、商业信息费。

人力资源成本包括非技术工人人力成本、技术工人人力成本、销售人员人力成本、研发人员人力成本、管理人员人力成本。

研发成本包括研发费。

财务成本包括财务管理费、股票发行费用。财务管理费是企业进行财务管理产生的固定费用，每季度 3 万元。

短期贷款利息是上期短期贷款的季度应付利息。

长期贷款利息是长期贷款总额的季度应付利息。

（2）收入。

销售收入是该期产品销售总额。

国债利息收入是上期购买国债的所得利息。

（3）缴税。公司缴税是企业对国家应尽的义务。税金为本期净收益的 30%，在本期末缴纳。本期净收益为负值时，本期不用缴税，而且可以在以后的季度抵减税。公司累计缴税按 7% 的年息计算。

企业成本、毛利润、净利润、当期未分配利润计算公式如下：

成本合计 = 生产成本 + 供应成本 + 销售成本 + 人力资源成本 + 研发成本 + 财务成本

毛利润 = 销售收入 + 国债利息收入 − 成本合计 − 期初库存价值 + 期末库存价值

净利润 = 毛利润 − 应缴税

当期未分配利润 = 净利润 − 留存公积公益金 − 分红

4. 分红。分红总数是指企业在盈利基础上每季度可向股东分配的利润。分红的资金来源是企业的可分配利润，即企业利润扣除应纳所得税后的余额。因此公司分红的条件为：分红数量不能超过公司该期末的税后利润。考虑到货币时间价值，累计分红按 7% 的年息计算。

十一、企业评价

对于企业的评价是多方面的，系统会综合判断企业的经营结果，以全面绩效分衡量虚拟企业经营的优劣以及比赛的胜负。

每期结束后，软件根据各企业的经营业绩评定一个综合成绩，评判的标准包含五大项：企业获利能力、企业偿债能力、企业发展能力、企业运营能力、股利发放。

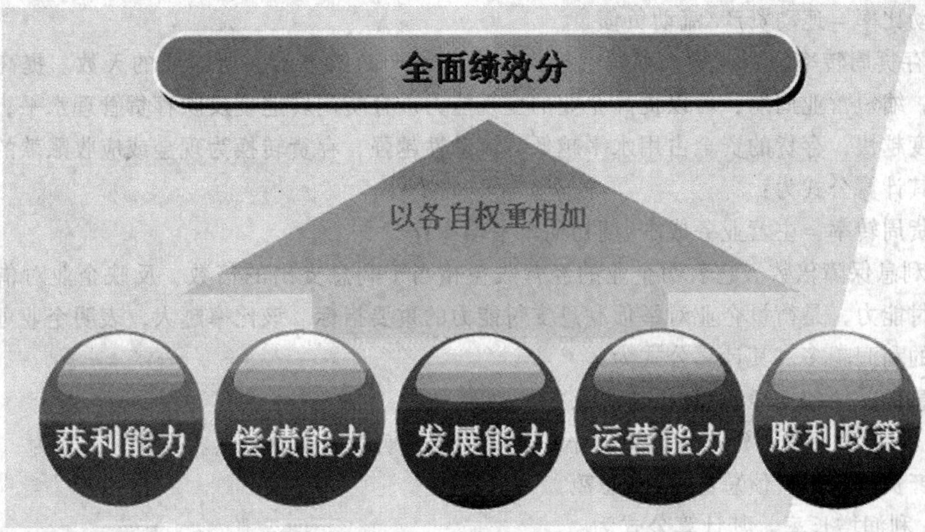

各大项评价指标由若干小项评价指标构成，具体内容如下：

企业获利能力：当期利润、累计纳税、净资产利润率、总资产报酬率、净资产。

企业偿债能力：流动比率、速动比率、存货周转率、资产负债率、利息保障倍数。

企业发展能力：利润增长率、权益增长率、销售增长率、市场份额、产品等级。

企业运营能力：短期贷款、及时供货能力、原材料采购、生产资源利用、职工队伍稳定性。

股利发放：累计分红、持续分红能力。

（一）评价指标解释

1. 当期利润。利润指标是反映企业经营业绩和获利能力的重要指标。它是企业将已经发生的各项经营事项所产生的收入扣除生产经营成本和各项其他费用后的余额。

2. 累计纳税。纳税是企业应履行的义务，也反映了企业的赢利能力。累计纳税是累计利润的体现。

3. 净资产利润率。净资产收益率越高，企业自有资本获取收益的能力越强，运营效益越好。其计算公式为：

净资产利润率 = 净利润/期初期末平均净资产

4. 总资产报酬率。它从整体上反映了企业资产的利用效果，可用来说明企业运用其全部资产获取利润的能力。其计算公式为：

总资产利润率 = 净利润/总资产

5. 销售利润率。该指标反映销售收入带来净利润的能力。其计算公式为：

销售利润率 = 净利润/销售收入

6. 流动比率。衡量企业流动资产中可以立即变现用于偿还流动负债的能力。流动资产越多，短期债务越少，则流动比率越大，企业的短期偿债能力越强。其计算公式为：

流动比率 = 流动资产/流动负债

7. 速动比率。速动比率的高低能直接反映企业的短期偿债能力强弱，它是对流动比率的补充，并且比流动比率反映得更加直观可信。其计算公式为：

速动比率 = 速动资产/流动负债

8. 存货周转率。企业购入存货、投入生产到将产品销售出去所需要的天数。提高存货周转率，缩短营业周期，可以提高企业的变现能力。存货周转速度反映存货管理水平，存货周转速度越快，存货的资金占用水平越低，流动性越强，存货转换为现金或应收账款的速度越快。其计算公式为：

存货周转率 = 主营业务成本/期初期末平均库存

9. 利息保障倍数。它表明企业的经营收益相当于利息支出的倍数，反映企业对借款利息的支付能力，是衡量企业对举债利息支付能力的重要指标。该比率越大，表明企业可供支付利息的利润越多。其计算公式为：

利息保障倍数 = 净利润/负债利息

10. 资产负债率。资产负债率越小，表明企业长期偿债能力越强。其计算公式为：

资产负债率 = 负债总额/资产总额

11. 利润增长率。其计算公式为：

利润增长率 = （本期纯利润 - 上期纯利润）/上期纯利润

12. 权益增长率。其计算公式为：

权益增长率 = （本期所有者权益 - 上期所有者权益）/上期所有者权益。

13. 销售增长率。其计算公式为：

销售增长率 = （本期销售额 - 上期销售额）/上期销售额

14. 市场份额。市场份额是指截至运算期，企业所有产品销售数量占总销售数量的份额，包括国内市场及国际市场。指标是 3 × 6 个市场的平均值。

15. 产品等级。它是三种产品的产品等级与均值差的平均值，是企业长期科研开发和投入的结果，是综合反映企业未来产品技术含量和市场潜力的指标。

16. 短期贷款。期末货币资金余额小于零，将被作为企业营运出现问题。

17. 及时供货能力。本期总产量小于总需求的 75% 将被看成企业及时供货能力差。

18. 原材料采购规划。期末原材料剩余（不包括期货）超过当期生产用量的 25% 或原材料不足以满足产量，将被看做原材料采购规划差。

19. 生产资源利用。本期生产能力（包括生产线和技术工人）使用率低于 60% 或生产能力小于产量计划所需，将被看做生产资源利用差。

20. 职工队伍稳定性。人员流动率过高将影响企业的持续发展能力。人员流动率 > 8% 将被看做职工队伍稳定性差。

21. 累计分红。它表明企业对投资者的回报水平。这一指标以年度数据为评价依据，以年度累积而形成。企业累积分红的提升是以企业累积利润提高为前提的。企业累积分红越多，表明企业经营业绩好，对投资者回报大，企业投资价值大，对企业综合评价越有利。

22. 持续分红能力。企业如保持长期稳定的分红可提升对企业的评价。本项指标按分红次数计算。

（二）指标的权重和数值

1. 各项评价指标的权重。在综合评价时，各个指标对企业的影响不同，其权重也是不同的。计算企业综合评价时，先计算某大项中每小项的得分，乘以各自权重后得出该大项得分，各大项得分再乘以各自权重后加上50，得到企业综合评价得分。

2. 各项评价指标的评价值。各项评价指标的评价值（即指标的得分）是综合评价的主要依据，它是在对各企业各项指标的横向比较后，以“评价分”规范化方式得出。

除以下特别指出的外，其他指标是各企业经营结果与行业平均经营结果的对比。超过行业平均值的得分为正，低于行业平均值的得分为负。

流动比率和速动比率：流动比率和速动比率较好的企业得分高。

资产负债率：低于行业平均值得分为正。

企业运营指标中，某一项未达到要求减50分。

参考文献

[1] 张仁侠主编:《现代企业生产管理》，首都经济贸易大学出版社 1999 年版。

[2] 杨锡怀编著:《企业战略管理理论与案例》，高等教育出版社 1999 年版。

[3] 段云程、冯俭编著:《管理经济学》西南财经大学出版社 1999 年版。

[4] 张先治主编:《财务分析》，东北财经大学出版社 2001 年版。

[5] [美] 菲利普·科特勒等著，梅清豪译:《市场营销管理》，中国人民大学出版社 2001 年版。

[6] 圣丁主编:《哈佛商学院 MBA 教程》，经济日报出版社 1997 年版。

[7] 鞠颂东、徐杰编著:《采购管理》，机械工业出版社 2005 年版。

[8] 周德民等主编:《人力资源管理理论与实务》，中南大学出版社 2006 年版。

[9] 欧阳洁、任荣伟编著:《市场预测与决策分析方法》，广东经济出版社 2004 年版。

[10] 陈良华、吴应宇主编:《财务管理》，南京大学出版社 1999 年版。